SAGENHAFTE FRAUEN

DK

INHALT

Anmerkung

Jede Geschichte in diesem Buch ist nur eine von vielen Versionen, die man sich erzählt. Verschiedene Kulturen, Religionen und Völker können die gleichen Ereignisse in einem unterschiedlichen Licht betrachten. Einige der Geschichten stammen aus heiligen Büchern und spiegeln Glaubensansichten von Menschen in der Vergangenheit und Gegenwart wider. Auch wenn sich die Sagen von Göttinnen und Heldinnen im Lauf der Zeit verändert haben, sind alle auf ganz eigene Weise wundersam.

VORWORT

Von den Inseln der Karibik bis zu den Bergen Japans, von den Schluchten Schottlands bis zu den Küsten Neuseelands – an jedem Ort und zu jeder Zeit begegnen wir außergewöhnlichen Frauen in den Mythen jeder einzelnen Kultur. Ob Hexen, Kriegerinnen, Göttinnen oder Königinnen – sie hinterlassen ihre Spuren in den Geschichten, die über sie erzählt werden.

In diesem Buch findest du eine Auswahl dieser Sagen. Durch sie erfährst du zum Beispiel, dass Meerjungfrauen auf der ganzen Welt verbreitet sind, während sich der Einflussbereich anderer Göttinnen auf eine bestimmte Zivilisation beschränkt. Dennoch hat jede dieser Frauen einen einzigartigen Stellenwert in der Kultur, aus der sie stammt.

DR. JEAN MENZIES, AUTORIN

GÖTTINNEN

In der gesamten Geschichte der Menschheit wurden Göttinnen verehrt, weil man ihnen eine wichtige Rolle im Rahmen der Schöpfung und Lenkung des Kosmos zuschrieb. In vielen Religionen glaubt man, dass Göttinnen die Erde und alle Völker darauf erschaffen haben.

Doch wie du auf den folgenden Seiten herausfinden wirst, haben die Göttinnen ganz unterschiedliche Funktionen. Von der Herrschaft über das Jenseits bis zum Schutz bestimmter Tiere beeinflussen diese mächtigen Gottheiten fast jeden Aspekt des Lebens.

SCHÖPFUNGS-GÖTTINNEN

In vielen Religionen gibt es Schöpfungs- oder Muttergöttinnen. Diese Gottheiten werden oft direkt mit der Erde in Verbindung gebracht und sind verantwortlich für die Erschaffung des Lebens.

PAPATUANUKU

AUSSPRACHE: pa-pa-tu-a-NU-ku

KULTUR: Maorisch

GAIA

AUSSPRACHE: GA-ja

KULTUR: Griechisch-antik

Papatuanuku verkörpert als Gottheit der Maori in Neuseeland die Mutter Erde. Als sie sich nicht aus der Umarmung ihres Ehemanns Ranginui, dem Vater Himmel, lösen wollte, wurden sie von ihren Söhnen gewaltsam getrennt.

Gaia ist in der antiken griechischen Mythologie die Göttin der Erde. Sie entstand aus dem Chaos, dem Urzustand der Welt, und gebar die folgende Generation von Göttern, die man Titanen nennt.

NÜWA

AUSSPRACHE:
NÜ-wa

KULTUR: Chinesisch

Nüwa, die Schöpfungsgöttin Chinas, wird oft mit einem Schlangenleib dargestellt. Sie schuf die ersten Menschen aus Lehm, um der Einsamkeit zu entgehen.

GROSSMUTTER SPINNE

AUSSPRACHE:
–

KULTUR: Indigene Völker Nordamerikas

Großmutter Spinne ist eine wichtige Göttin für viele indigene Völker Nordamerikas, wie die Cherokee. Sie wacht über die Menschen und kann die Gestalt einer Spinne annehmen.

WAWALAG-SCHWESTERN

AUSSPRACHE:
WA-wa-lag

KULTUR:
Aborigine

Die Wawalag-Schwestern sind als Gottheiten für viele Aborigines in Nordaustralien bedeutsam. Sie gaben allen Pflanzen und Tieren ihren Namen.

Papatuanukus Söhne

Papatuanuku war die Mutter Erde und Ranginui der Vater Himmel. Die beiden liebten einander sehr und lagen so eng umschlungen, dass zwischen ihnen nur Finsternis herrschte.

Papatuanuku und Ranginui hatten unzählige Söhne. Doch diesen gefiel es gar nicht, dass sie in der ewigen Dunkelheit zwischen ihren Eltern leben mussten. Bis auf einen Sohn kamen sie daher überein, dass es an der Zeit war, den Gott und die Göttin voneinander zu trennen. „Mutter, kannst du Vater nicht wegschicken, damit Licht in die Welt fallen kann?“, fragten sie.

„Nein, ich liebe Ranginui zu sehr, um ihn loszulassen“, erwiderte Papatuanuku und drückte ihn nur noch fester an sich.

Zur Überraschung der Göttin waren ihre Söhne auf diese Antwort vorbereitet.

Zuerst wollte Rongo-ma-tane, der Gott des Ackerbaus, sie mit aller Macht von Ranginui wegschieben. Doch so sehr er sich auch anstrengte, er konnte seine Eltern nicht bewegen. Anschließend versuchte Haumia-tikitiki, der Gott der Pflanzen und der Nahrung, vergebens, die beiden voneinander zu lösen. Als Nächster probierte es der Kriegsgott Tu-matauenga, aber auch ihm gelang es nicht. Als ein Kind nach dem anderen aufgab, frohlockte Papatuanuku: „Euren Vater und mich werdet ihr niemals trennen.“

Doch nun war Tane-mahuta, der Gott des Waldes, an der Reihe. Zu ihrem Entsetzen spürte Papatuanuku, wie sich Tane-mahuta zwischen Ranginui und sie drängte und mit all seiner Kraft zu schieben begann. Zunächst schien es, als würde er wie seine Brüder scheitern, bis er mit dem Kopf auf Papatuanukus Körper lag und mit den Füßen gegen Ranginui drückte.

Sich mächtig streckend, merkte er, wie sich die beiden Gottheiten lösten.

„Tane-mahuta, mein Sohn, halte ein“, schrie Papatuanuku. „Warum tust du deinen Eltern das an?“

Trotz des Flehens seiner Mutter hörte Tane-mahuta nicht auf. Mit einem letzten Stoß zwang er die Gottheiten auseinander und Licht fiel in den Raum, der sich nun zwischen ihren Körpern auftat.

Obwohl Papatuanuku Ranginui schrecklich vermisste, bot sie von diesem Tag an ihren Kindern ein Zuhause, während Ranginui von weit oben über sie wachte.

Tane-mahuta schob und schob, um seine Eltern zu trennen.

Großmutter Spinne fängt die Sonne ein

Eines Tages kam Großmutter Spinne zu einer Versammlung von Geschöpfen der Erde, um ein sehr ernstes Problem zu besprechen, das ihren Winkel der Welt betraf. Sie hatten kein Licht und sahen nichts.

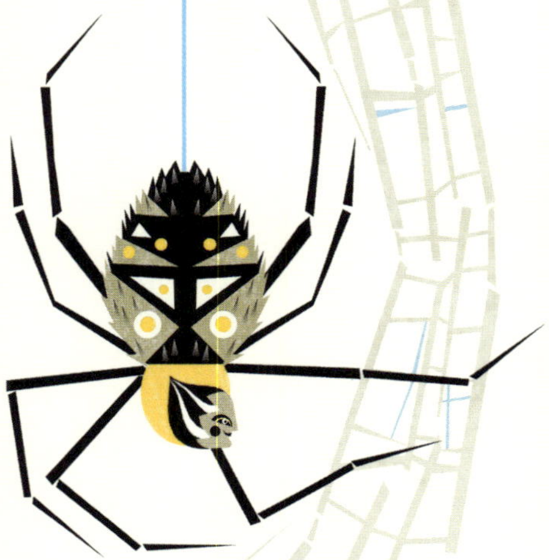

Großmutter Spinne sprach als Erste: „Ohne Licht stoßen ja ständig alle miteinander zusammen!“

„Die auf der anderen Seite der Welt haben mehr als genug Licht, aber sie wollen nichts abgeben“, beklagte sich der Fuchs. „Wir könnten ihnen etwas davon wegnehmen, aber wer von uns kann das bewerkstelligen?“

Als erster Freiwilliger meldete sich das Opossum.

Es war sich sicher, ein wenig Sonnenlicht in seinem einst buschigen Schwanz verstecken und mitbringen zu können. Doch als das Opossum dies versuchte, versengten ihm die glühend heißen Strahlen den ganzen Pelz. Deshalb ist der Schwanz der Opossums heute splitterfasernackt.

Als Nächstes probierte es der Bussard. Er flog um die Welt, um ein bisschen Sonnenschein zu erhaschen, den er auf seinem Kopf davontragen wollte. Doch auch er hielt der Hitze nicht stand und das Licht brannte sich durch sein Gefieder. Er kehrte mit einem kahlen Schädel zu den Tieren zurück.

Schließlich trat Großmutter Spinne vor. Zunächst nahm sie einen Klumpen Lehm und formte eine stabile Schüssel daraus. Dann spann sie ihr Netz über die Erde, bis sie den Baum erreichte, an dem die Sonne hing. Da sie winzig klein war, bemerkte sie niemand. Rasch schaufelte sie das Sonnenlicht in ihre Schüssel.

Anschließend folgte Großmutter Spinne den Fäden ihres Netzes bis zurück nach Hause.

Bei ihrer Rückkehr jubelten alle. Nun konnten sie nicht nur das Sonnenlicht genießen, sondern auch Feuer machen. Von diesem Tag an änderte sich das Leben jener Menschen, die diesen Teil der Erde bewohnten, von Grund auf – und das alles dank Großmutter Spinne.

Die Wawalag-Schwestern auf Reisen

Vor langer Zeit lebten zwei Göttinnen, die als Wawalag-Schwestern bekannt waren. Die jüngere hieß Boaliri, die ältere Waimariwi.

Die Schwestern reisten mit ihren beiden Hunden durch den Norden Australiens, besuchten verschiedene Völker und gaben Pflanzen und Tieren, die ihnen unterwegs begegneten, einen Namen. Waimariwi war schwanger mit ihrem ersten Kind. Nachdem sie tagelang gewandert waren, blieb sie stöhnend stehen. Die Wehen hatten eingesetzt!

Boaliri eilte ihrer Schwester zu Hilfe und schon bald brachte Waimariwi ein winziges weinendes Baby zur Welt. Um sich angemessen um das Kind zu kümmern, suchten die Schwestern nach einem behaglichen Ort, an dem sie sich vorerst niederlassen konnten. Ihr gewählter Lagerplatz verfügte über eine tiefe Wasserstelle, aus der sie trinken konnten, und zahlreiche Palmen, die Schutz vor der Sonne boten. Zufrieden breiteten die beiden Schwestern ihre Schlafmatten aus und machten Feuer, um das Fleisch eines Tieres zuzubereiten, das sie mit ihren Hunden gefangen hatten.

Kurz darauf geschah etwas sehr Merkwürdiges.

Die Kängurus und Schnecken, die sie gebraten hatten, erhoben sich plötzlich wieder lebendig aus den Flammen. Unter den verblüfften Augen der Göttinnen floh ein Tier nach dem anderen zur nahe gelegenen Wasserstelle. „Was passiert hier?“, fragte Waimariwi erschrocken und drückte schützend ihr Baby an sich.

Boaliri entdeckte den Grund für den Tumult. „Eine Schlange!“, rief sie und deutete auf den Horizont. „Sie muss das Baby gerochen haben. Wir müssen weglaufen!“

Doch dafür war es zu spät. Der Himmel verdunkelte sich, schwarze Wolken zogen über ihnen auf und Blitze zuckten um sie herum. Die Schlange, die nun näher kam, war keine gewöhnliche Schlange, sondern die große zweigeschlechtliche Regenbogenschlange Jolunggul. Sie war es auch, die den Sturm heraufbeschworen hatte.

Rasch trugen die Schwestern das Baby zur Wasserstelle und wuschen es gründlich. Sie hofften, ohne den Geruch des Neugeborenen würde die Schlange von ihnen ablassen. Doch Jolunggul ließ sich nicht täuschen. Zudem begann es, heftig zu regnen.

Da ihr Plan nicht aufging, mussten sich die Schwestern etwas anderes einfallen lassen.

Also tanzten und sangen Boaliri und Waimariwi abwechselnd die heiligen Lieder der Göttin Kunapipi. Das, was sie hier zum ersten Mal aufführten, sollte in den folgenden Jahren zu einem wichtigen Ritual werden. Die Macht ihrer Musik vertrieb Regen und Wolken, bis der Himmel wieder ungetrübt war und Jolunggul sich verkroch. Erschöpft fielen die beiden Schwestern mit dem Baby und den Hunden in einen tiefen Schlaf. Doch sie ahnten nicht, dass die Riesen-

Durch den schmerzhaften Biss spuckte Jolunggul die Schwestern, das Baby und die Hunde wieder aus.

schlange in der Nähe lauerte. Während sie schliefen, kehrte Jolunggul zu ihrem Lager zurück, und bevor sie wussten, wie ihnen geschah, öffnete die Schlange ihr gewaltiges Maul und verschlang alle mit Haut und Haar.

Die Schwestern waren zunächst in Jolungguls Bauch gefangen, aber noch war nicht alles verloren. Eine klitzekleine Ameise hatte die Szene beobachtet, krabbelte den langen Schwanz der Schlange hinauf und biss kräftig hinein. Vor Schreck spuckte Jolunggul die Beute wieder aus.

Jedoch hatte Jolunggul noch immer Hunger und riss sein Maul erneut auf.

Diesmal schnappte er sich bloß die Göttinnen und machte sich schnell aus dem Staub. Er gesellte sich zu den anderen Schlangen, die sich gegenseitig fragten, was sie an jenem Tag gefressen hatten. Als Jolunggul an der Reihe war, wollte er nicht mit der Sprache herausrücken. Er wusste, dass seine Gefährten das Göttinnenmahl nicht gutheißen würden. Die anderen bedrängten ihn. „Na schön", gestand er freiheraus: „Ich habe mir die Wawalag-Schwestern einverleibt."

Die anderen Schlangen waren fassungslos. Ihnen war klar, dass Jolunggul einen Riesenfehler begangen hatte. Der wurde zusehends blass. „Ich kann sie nicht mehr in mir behalten", rief Jolunggul aus. Und dann würgte er die Schwestern zum zweiten Mal hoch.

Die befreiten Göttinnen kehrten unversehrt zu ihrem Kind zurück und setzten ihre Reise fort, denn Waimariwi und Boaliri hatten noch eine Menge Arbeit vor sich.

TODES- UND JENSEITS-GÖTTINNEN

In jeder Religion gibt es Vorstellungen davon, was nach dem Tod eines Menschen geschieht. Bei manchen existiert ein Reich, in dem eine Todesgöttin herrscht und über die Seelen der Verstorbenen wacht.

ATAECINA

AUSSPRACHE: a-tä-KI-na

KULTUR: Iberisch

Ataecina wurde von den alten Iberern und Kelten verehrt, die auf dem Gebiet des heutigen Spaniens und Portugals lebten. Sie ist eine Göttin der Unterwelt und herrscht zudem über den Frühling.

ITZPAPALOTL

AUSSPRACHE: ITZ-pa-pa-LOTL

KULTUR: Aztekisch

Itzpapalotl waltet über das Paradies Tamoanchan. Hier wurden die Menschen erschaffen und einige leben hier nach ihrem Tod. Die Göttin erscheint als Skelett einer Kriegerin mit Schmetterlingsflügeln, die mit Steinklingen besetzt sind.

OYÁ

AUSSPRACHE: o-JA

KULTUR: Yorubisch

Oyá ist in der Religion der afrikanischen Yoruba eine Orisha, also eine Gottheit des Todes und des Jenseits, aber auch des Flusses Niger in Westafrika.

MAMAN BRIGITTE

AUSSPRACHE:
Ma-MONG Bri-SCHIT

KULTUR: Haitisch

Maman Brigitte ist eine Göttin im Voodoo-Glauben von Haiti und wird daher auch Loa genannt. Sie ist die Frau eines Loa namens Baron Samedi. Gemeinsam kümmern sie sich um die Toten.

TUONETAR

AUSSPRACHE:
TU-o-NE-tar

KULTUR: Finnisch

Mit ihrem Mann Tuoni herrscht Tuonetar über Tuonela, die Unterwelt in der finnischen Mythologie. Sie beschützt ihr Reich mit List und Tücke, unbedingt darauf bedacht, dass ihr niemand entkommt.

IŠHARA

AUSSPRACHE:
i-SCHA-ra

KULTUR: Akkadisch und hurritisch

Die Göttin Išhara wurde von mehreren Völkern wie jenem von Akkad im alten Mesopotamien verehrt. Sie war für unterschiedliche Dinge zuständig. Für das Volk der Hurriter galt sie als Skorpiongöttin des Todes und der Krankheit.

ERESCHKIGAL

AUSSPRACHE:
e-RESCH-ki-gal

KULTUR:
Akkadisch und sumerisch

In den Religionen der akkadischen und sumerischen Reiche im alten Mesopotamien (heute Irak) regierte Ereschkigal die Unterwelt. Sie ist mit dem Gott Nergal vermählt. Ihre Schwester ist die Göttin Inanna.

Tuonetars Reich

Tuonetar herrschte mit ihrem Mann Tuoni über die Unterwelt Tuonela. Eines Tages bemerkte sie, wie ihre Tochter mit dem Boot über den sagenhaften Fluss ruderte.

Dieser dunkle rauschende Fluss trennte die Unterwelt vom Land der Lebenden. Als ihre Tochter näherkam, entdeckte Tuonetar neben ihr einen ungewöhnlichen Passagier.

Das Boot erreichte das Ufer und ein Mann mit langem weißem Haar und einem Bart, der ihm bis zum Bauch reichte, sprang heraus. Es war der Zauberer Väinämöinen. Überraschend an ihm war, dass er noch lebte. „Willkommen in Tuonela“, sagte Tuonetar. „Ihr müsst weit gereist sein. Hier, nehmt diesen Trank.“

Väinämöinen ergriff den goldenen Bierkelch, den die Göttin ihm reichte, zögerte aber, ihn an seine Lippen zu führen. Er beäugte das Gebräu und sah, dass sich darin Frösche, Eidechsen, Würmer und Schlangen tummelten. „Ich bin nicht hergekommen, um Gift zu trinken“, sprach er und gab den Kelch zurück.

„Warum seid Ihr dann hier?“, fragte Tuonetar und schmetterte den Kelch zu Boden.

„Ich suche drei vergessene Zauberworte, an die sich nur diejenigen erinnern, die schon lange verstorben sind. Ich brauche sie, um mein Schiff im Land der Lebenden zu vollenden“, antwortete Väinämöinen ruhig.

„Dann wird es nie fertig, denn niemand verlässt Tuonela“, erwiderte Tuonetar.

Hierauf sang Tuonetar eine Beschwörungsformel und der Zauberer fiel in einen tiefen Schlaf.

Während Väinämöinen schlief, bat Tuonetar ihren Sohn, ein feines Kupfernetz über den Fluss zu spannen, damit ihr Gast, ob tot oder lebendig, nicht entkam.

Doch als Väinämöinen erwachte, ließ er sich davon nicht abhalten, denn auch er war zauberkundig. Er flüsterte einige Worte und verwandelte sich in eine kleine Schlange. In dieser Gestalt schlüpfte er durch die Löcher im Netz und schwamm in die Freiheit.

Der Zauberer aber hatte seine Lektion gelernt. Fortan riet er allen, die er traf, sich nicht in Tuonetars Reich zu wagen, wenn sie nicht auf ewig dort bleiben wollten.

Väinämöinen entkam dem Netz, indem er sich in eine Schlange verwandelte.

Ereschkigals Bote

Eines Tages beschloss Anu, der König der Götter, ein üppiges Festmahl für die anderen Gottheiten auszurichten. Er wollte alle einladen, aber leider konnte die Göttin Ereschkigal nicht daran teilnehmen.

Ereschkigal war die Herrscherin der Unterwelt. Als solche war es ihr nicht möglich, in das Land der Lebenden zu reisen. Daher schlug Anu ihr vor, einen Boten zu schicken, der ihr nach seiner Rückkehr ein Geschenk überbringen sollte. Ereschkigal beschloss, ihren wichtigsten Berater, den Wesir Namtar, zu entsenden.

Als Namtar zum Bankett kam, begrüßten ihn die zahlreichen anwesenden Götter und Göttinnen.

Der Reihe nach verneigten sich alle vor dem Wesir, um Ereschkigal ihre Ehre zu erweisen – alle bis auf einen: der Gott Nergal. Er fand Namtar unbedeutend und wollte ihm keinen Respekt zollen.

Als Namtar zurückkehrte, fragte ihn die Göttin, wie die anderen Gottheiten ihn während seines Besuchs behandelt hätten. „Alle waren respektvoll, bis auf einer", erwiderte Namtar.

„Wer hat es gewagt, meinen Wesir zu beleidigen?", zürnte Ereschkigal. „Er soll sofort zu mir gebracht werden, damit ich ihn bestrafen kann."

Also zog Namtar noch einmal ins Land der Lebenden und brachte Nergal im Auftrag der Göttin in die Unterwelt.

Nergal fürchtete um sein Leben. Er glaubte, dass die Totengöttin sich rächen wolle und machte sich zum Kampf bereit. Als sich die Türen des Thronsaals öffneten, stürzte er sich auf Ereschkigal und warf sie zu Boden. „Bitte töte mich nicht", rief diese überrascht und sah ihm in die Augen.

Beim Anblick von Ereschkigals Gesichtsausdruck brach Nergal in Tränen aus. „Aber ich will auch nicht sterben", erwiderte er.

„Dann lass uns Frieden schließen. Heirate mich und leiste mir sechs Monate im Jahr Gesellschaft in der Unterwelt", bot Ereschkigal an, denn die Herrscherin fühlte sich einsam.

Besser hätte es Nergal nicht treffen können. Sie vermählten sich und lebten die Hälfte jedes Jahres glücklich zusammen.

Nergal warf Ereschkigal zu Boden.

SONNEN-, MOND- UND HIMMELSGÖTTINNEN

Tage und Monate werden von Sonnen- und Mondzyklen bestimmt. In vielen Kulturen glaubt man, diese Bewegungen würden von Göttinnen gelenkt, die den Himmel durchstreifen.

SAULE

AUSSPRACHE: SAU-le

KULTUR: Baltisch

Saule gilt in der baltischen Mythologie als Sonnengöttin. Sie ist mit dem Mondgott Mēness verheiratet. Nachts sinkt sie auf den Grund des Meeres und schläft dort.

AMATERASU

AUSSPRACHE: A-MA-TE-RA-SU

KULTUR: Japanisch

Amaterasu ist die Sonnengöttin im japanischen Shintoismus. Sie gilt auch als eine der Herrscherinnen des Himmels.

AME-NO-UZUME

AUSSPRACHE: A-ME NO U-SU-ME

KULTUR: Japanisch

Ame-no-Uzume, die Göttin der Morgenröte und Kunst im japanischen Shintoismus, kann sehr gut tanzen und Fröhlichkeit verbreiten.

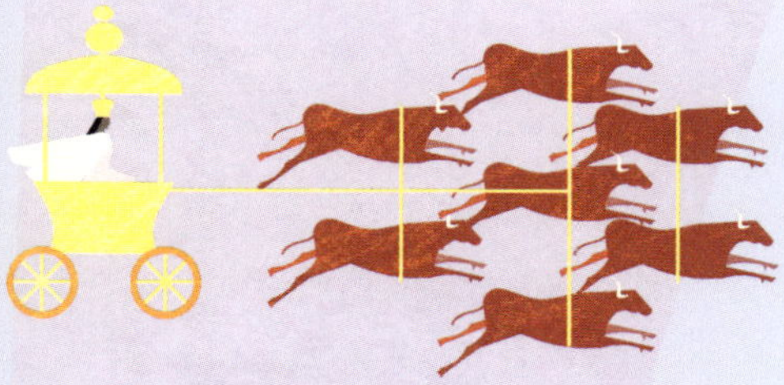

USHAS

AUSSPRACHE:
U-schas

KULTUR:
Hinduistisch

LUNA

AUSSPRACHE:
LU-na

KULTUR:
Römisch-antik

CHANG'E

AUSSPRACHE:
TSCHANG-e

KULTUR:
Chinesisch

Ushas, die Göttin der Morgenröte im Hinduismus, reist auf einem goldenen Streitwagen über den Himmel und erhält die Ordnung des Universums.

Luna ist die Mondgöttin in der römischen Mythologie. Jeden Abend nach Sonnenuntergang fährt sie auf einem Streitwagen über den Himmel, der von zwei Pferden oder Ochsen gezogen wird.

Chang'e, eine chinesische Mondgöttin, war anfangs ein Mensch. Dann trank sie ein Elixier, das sie unsterblich machte, und lebte fortan auf dem Mond.

Amaterasus Rückzug

Amaterasu war die Sonnengöttin und Herrscherin des Himmels. Sie nahm ihre Aufgabe sehr ernst und sorgte nach Kräften dafür, dass alles in ihrem Reich reibungslos ablief.

Doch Amaterasus kleiner Bruder galt als Unruhestifter. Sein Name war Susanoo und er war der Gott des Sturmes. Aufgrund seines wilden Charakters durfte er nicht mit seiner Schwester über die Welt herrschen. Das brachte ihn erst recht dazu, Unheil anzurichten.

So riss er, als Amaterasu ihre Reisfelder abgrenzte, die Zäune ein, die sie aufgestellt hatte. Und als der Reis herangereift war, ließ er seine Pferde über die Ernte trampeln.

Eines schönen Tages beschloss Susanoo, seine Schwester zu erschrecken, während sie in ihrer heiligen Webhalle arbeitete.

Er schlug ein großes Loch in die Decke und warf durch die Öffnung ein Pferd, dass er zuvor getötet hatte. Das Tier landete auf dem Boden neben Amaterasu, die entsetzt aufsprang. Dabei verletzte sie ihre Hand am Webstuhl. „Diesmal hast du es zu weit getrieben!“, schrie sie, als sie aufblickte und sah, wie sich ihr Bruder ins Fäustchen lachte.

Die Göttin stürmte aus der Halle in eine nahe gelegene Höhle, wälzte einen großen Stein davor und schloss sich darin ein. Mit ihr verschwand daraufhin das Sonnenlicht von der Erde.

Ohne Amaterasu wurde alles in Finsternis gehüllt. Tag und Nacht waren nicht mehr voneinander zu unterscheiden und die Pflanzen verkümmerten. Die anderen Gottheiten waren wütend auf Susanoo. Sie wollten Amaterasu zurückholen und ertrugen den Gedanken nicht, auf ewig im Dunkel zu leben. Also schmiedeten sie einen Plan.

Erst schmückten die Gottheiten den Baum vor Amaterasus Höhle mit unzähligen Edelsteinen. Dann hingen sie einen riesigen Spiegel an einen seiner Zweige und schließlich zündete Ame-no-Uzume, die Göttin der Morgenröte, ein knisterndes Feuer an und begann neben dem Baum zu tanzen. Mit ihrem Tanz und Gesang erheiterte sie die Gottheiten derart, dass sie schallend lachten und klatschten.

Sie machten so einen Lärm,
dass Amaterasu sie tief in ihrem Unterschlupf hören konnte.

„Wie können sie denn so fröhlich sein, wo ich doch die Welt des Lichtes beraubt habe?“, fragte sich Amaterasu. Als ihre Neugier die Oberhand gewann, schob sie den Stein vor dem Eingang der Höhle einen Spalt beiseite und spähte hinaus. Überrascht sah sie sich selbst im Spiegel, während die Edelsteine im Sonnenlicht funkelten und sie blendeten. Die anderen Gottheiten nutzten die Gelegenheit. Rasch ergriffen sie ihre Hand und zogen sie aus ihrem Versteck.

Als Amaterasu den anderen gegenüberstand, flehten die Gottheiten sie an, sich nicht wieder zu verkriechen.

„Wir brauchen dich hier bei uns, Amaterasu“, versicherten sie ihr. „Susanoo wird seine Strafe erhalten.“

Sie kamen überein, dass Susanoo die nächsten tausend Opfergaben, die ihm die Sterblichen auf der Erde darbrachten, seiner Schwester überlassen sollte. Das besänftigte Amaterasu und daher willigte die Göttin ein, ihren Zufluchtsort zu verlassen und die Welt wieder in Licht zu tauchen.

Ame-no-Uzume tanzte so ausgelassen, dass die anderen Gottheiten lauthals lachten.

Chang'es Mondreise

Es war einmal eine Frau namens Chang'e, die mit einem geschickten Bogenschützen namens Yi vermählt war. Sie lebten glücklich und zufrieden, bis eines Tages zehn Sonnen am Himmel aufgingen.

Yi zielte auf die Sonnen und schoss nacheinander neun von ihnen vom Himmel.

Die sengende Hitze der Sonnen war so unerträglich, dass sie alles Leben zu vernichten drohte. Jemand musste etwas unternehmen!

Yi stellte sich der Aufgabe. Er nahm seinen Bogen, ging hinaus in die Wärme, zielte sorgfältig und ließ die Sehne los.

Unvermittelt stieß der Pfeil eine der Sonnen vom Himmel.

Anschließend schoss Yi acht weitere Sonnen ab, bis nur noch eine übrig blieb. Diese sorgte gerade so für ausreichend Wärme und Licht auf der Erde. Beeindruckt von seinem Geschick belohnte die Göttin Xiwangmu Yi mit einem unschätzbaren Geschenk: dem Elixier der Unsterblichkeit, das ihn zu einem Gott machen und ihm ewiges Leben schenken konnte.

Chang'e war nun unsterblich und stieg in den Himmel auf, wo sie zur Mondgöttin wurde.

Doch es gab nur eines, was Yi wirklich wichtig war und was er liebte, und das war seine Frau Chang'e. Wenn er unsterblich wäre, müsste er sie zurücklassen, was er auf keinen Fall wollte. Also versteckten Yi und Chang'e das Elixier und führten ihr gemeinsames Leben fort.

Chang'e und Yi aber waren nicht die Einzigen, die von dem Zaubertrank wussten.

Yis Lehrling Fengmeng hatte beobachtet, wie Yi das Elixier bekam. Er war ein habgieriger Mann, der das Geschenk der Göttin für sich wollte. So wartete er, bis Yi eines Tages auf die Jagd ging, und bedrängte Chang'e: „Gib mir das Elixier", forderte er und drohte ihr Gewalt an, wenn sie es ihm nicht freiwillig überließ. Doch Chang'e wusste, was für ein Mann Fengmeng war und wie verhängnisvoll es wäre, wenn er Unsterblichkeit erlangte. Ihr blieb keine andere Wahl.

Sie nahm das Elixier aus dem Versteck und trank es aus. Es entfaltete sofort seine Wirkung. Chang'e stieg in den Himmel auf, bis sie den Mond erreichte, der nun ihr Zuhause war.

Traurig, dass sie von ihrem Mann Yi getrennt sein musste, wusste sie dennoch, dass sie das Richtige getan hatte, denn sie hatte die Welt vor großem Unheil bewahrt.

NATUR-GÖTTINNEN

Das Leben vieler Menschen wird von Naturereignissen wie Sturmfluten oder Vulkanausbrüchen bedroht. Oft werden Göttinnen und ihre Launen dafür verantwortlich gemacht.

MAZU

AUSSPRACHE: MA-tsu

KULTUR: Chinesisch

Die chinesische Meeresgöttin Mazu wird vor allem von Seeleuten verehrt. Sie soll für günstigen Wind und reichen Fischfang sorgen.

MARI

AUSSPRACHE: ma-RI

KULTUR: Baskisch

Mari ist eine Göttin der Basken in Südwesteuropa. Sie gebietet über viele Aspekte des Lebens, wie auch das Wetter, und kann heftige Stürme verursachen.

SEDNA

AUSSPRACHE: SED-na

KULTUR: Inuit

Sedna herrscht als Meeresgöttin über Adlivun, die Unterwelt der Inuit. Sie lebt am Meeresgrund.

MAHUIKA

AUSSPRACHE:
MA-hu-I-ka

KULTUR: Maorisch

Mahuika ist eine Feuergöttin der Maori in Neuseeland. Dem Helden Maui gelang es, ihr das Feuer zu stehlen und es den Menschen zu bringen.

KONOHANA

AUSSPRACHE:
KO-NO-HA-NA

KULTUR:
Japanisch

Konohana gilt als japanische Vulkangöttin und Schutzgöttin des Fuji, des höchsten Berges in Japan. Sie vermag es, dessen Ausbrüche zu beenden.

PELE

AUSSPRACHE:
PE-le

KULTUR:
Hawaiisch

Pele, die Feuer- und Vulkangöttin in der hawaiischen Mythologie, ist besonders wichtig für die Bewohner der Insel Hawaii, auf der sich zwei der aktivsten Vulkane der Welt befinden.

OLOKUN

AUSSPRACHE:
O-LO-kun

KULTUR:
Yorubisch

Olokun ist eine Orisha, also eine Gottheit der Yoruba in Westafrika. Sie herrscht über die Gewässer und verhilft denen, die sie verehren, zu Wohlstand.

Sednas Verwandlung

Sedna lebte mit ihrem Vater an einer ruhigen Küste, wo sie ihren Lebensunterhalt als Fischer verdienten. Seit sie denken konnte, waren sie immer nur zu zweit gewesen.

Nun jedoch, da sie eine junge Frau war, kamen Männer in ihr Haus und hielten um ihre Hand an. Doch Sedna lehnte deren Antrag jedes Mal aufs Neue ab.

So vergingen viele Monate, bis das Eis auf dem Wasser brach und der Frühling einkehrte. Mit ihm kam auch der Schwarm Eissturmvögel, Verwandte der Albatrosse, der jedes Jahr über Sednas Haus flog. Diesmal aber war es anders.

Der Anführer der Eissturmvögel hatte ein Auge auf Sedna geworfen und wollte sie ebenfalls bitten, seine Gemahlin zu werden.

Er stieß herab und landete am Ufer, wo die junge Frau den Flug des Schwarms beobachtete. „Sedna, komm in das Land der Vögel und heirate mich. Mein Zelt ist aus den feinsten Häuten und du wirst auf den weichsten Robbenfellen schlafen“, überredete er sie.

Das Angebot des Eissturmvogels war verlockender als alle anderen zuvor und so willigte Sedna ein. Nachdem sie sich von ihrem Vater verabschiedet hatte, kletterte sie auf den Rücken ihres frischgebackenen Ehemanns und gemeinsam kehrten sie über das Wasser zurück ins Land der Vögel.

Sedna fröstelte im Zelt des Eissturmvogels.

Als sie ankamen, war Sednas neues Zuhause allerdings ganz anders, als sie erwartet hatte. Das Zelt bestand aus dünnen Fischhäuten voller Löcher, durch die Schnee und Regen drangen. Die weichen Robbenfelle, die man ihr versprochen hatte, waren nirgends zu sehen. Stattdessen war ihr Bett aus glitschigem Walfett.

Sedna fühlte sich elend. Ein ganzes Jahr verging im Land der Vögel und jeden Tag weinte Sedna vor Heimweh. Doch ihr Ehemann wollte sie nicht zurückbringen. Zu ihrem Glück machte sich allerdings ihr Vater auf die Reise über das Wasser, um dem Paar einen Besuch abzustatten.

Bei seiner Ankunft war Sednas Vater schockiert über das Leben, das seine Tochter führen musste.

Daraufhin bat er ihren Mann um Erlaubnis, seine Tochter mit nach Hause nehmen zu dürfen. Doch der Eissturmvogel weigerte sich abermals. Zornig stürzte sich Sednas Vater auf das Tier und tötete es, bevor er seine Tochter anschließend schnell auf sein Boot trug.

Sie traten die lange Heimreise an, aber die anderen Vögel entdeckten bald, was mit ihrem Anführer geschehen war. Wütend jagten sie dem kleinen Boot hinterher und verursachten mit der geballten Kraft ihrer Flügel einen gewaltigen Sturm. Der Wind warf das Boot hin und her und die Wellen schlugen über den beiden zusammen, bis ihnen die Luft wegblieb.

Sednas Vater geriet in Panik. „Das ist alles deine Schuld“, schrie er seine Tochter an und vergaß dabei, dass er den Vogel getötet hatte. „Wenn ich dich zurückgebe, werden sie mich verschonen.“

Bevor Sedna ihn aufhalten konnte, packte er sie und warf sie über Bord. Sie klammerte sich mit beiden Händen an das Boot und folgte ihrem Vater nicht, als er sie anschrie, loszulassen.

Zu Sednas Entsetzen zog ihr Vater nun sein Messer aus der Tasche und schnitt ihr die Finger ab.

Die abgetrennten Fingerspitzen fielen ins Wasser und verwandelten sich, wobei die ersten fünf zu anmutigen Robben wurden, die anderen fünf zu riesigen Walen. Sedna selbst konnte sich nun nicht mehr halten und wurde vom Meer verschlungen. Während sie sank, nahm auch ihr Körper eine neue Form an. Unterhalb der Taille wuchs ihr ein Fischschwanz und sie konnte unter Wasser atmen. Tief auf den Grund des Ozeans tauchend erkannte sie, dass sie endlich von Ehemann und Vater befreit war – sie wurde zur Göttin des Meeres.

Konohanas Feuerprobe

Konohana war die Göttin der Vulkane, wobei ihr Lieblingsberg der Fuji war. Sie galt als stark und schön, besaß aber ein aufbrausendes Temperament.

Eines Nachmittags schlenderte Konohana am Strand entlang, genoss die Meeresbrise und das Gefühl des Sandes zwischen ihren Zehen. Da begegnete sie einem jungen Gott. Er hieß Ninigi und war der Enkel der Sonnengöttin Amaterasu.

Ninigi war sofort von Konohanas Schönheit gefangen und es dauerte nicht lange, bis er sie fragte, ob sie seine Frau werden wolle. „Das will ich, aber du musst meinen Vater Ohoyamatsumi um Erlaubnis bitten“, erwiderte Konohana.

Also suchte Ninigi Ohoyamatsumi auf und bat ihn um die Hand seiner Tochter. Dieser hielt Ninigi für eine gute Partie und erklärte sich mit der Hochzeit einverstanden. So wurden die beiden vermählt.

Am Tag darauf hatte Konohana Neuigkeiten.

„Ich erwarte ein Kind von dir“, verkündete sie.

„Das kann nicht sein!“, rief Ninigi aus. „Wir sind erst seit gestern verheiratet. Das Kind kann nicht von mir sein.“

Konohana war zutiefst verletzt von den Worten ihres frischgebackenen Ehemannes. Sie fühlte, wie die grelle Wut in ihr aufstieg wie ein Vulkan kurz vor dem Ausbruch. Mit einer

einfachen Geste zauberte sie sich in eine türlose Hütte und schrie: „Wenn das Baby das Urenkelkind der Sonnengöttin ist, wird ihm das Feuer nichts anhaben. Wenn nicht, wird es den Tod finden."

Im nächsten Moment brannte die Hütte lichterloh.

Bei Konohana setzten die Wehen ein und sie brachte mutterseelenallein nicht einen, sondern gleich drei Jungen zur Welt. Sie nannte sie Hoderi, Hoori und Hosuseri und alle wurden von den Flammen verschont. Als Konohana die verkohlte Hütte unverletzt verließ, war ihre Treue bewiesen. Ninigi aber schämte sich, weil er an seiner Frau gezweifelt hatte.

Konohanas Hütte brannte bis auf den Grund nieder.

Olokun wird gebändigt

Einst war die Meeresgöttin Olokun die einzige Gottheit, die die Erde bewohnte. Die anderen Götter hausten im Himmel, wie auch Obatala, der Himmelsgott und Schöpfer der Menschheit.

Eines Tages aber stiegen unzählige Gottheiten von oben herab und teilten das Land der Erde unter sich auf. Wutentbrannt stellte Olokun die anderen zur Rede.

„Obatala hat uns gesagt, wir dürften uns einen Teil der Erde nehmen und über die Menschen herrschen, die dort wohnen", erklärte einer von ihnen.

„Mich hat aber keiner gefragt", murrte Olokun. „Wie kann Obatala es wagen, so etwas ohne mich zu entscheiden."

Olokun war wild entschlossen, Obatala zu zeigen, was sie von seiner Idee hielt. Zornerfüllt befahl sie dem

Olokun rief das Meer auf, das Land zu überschwemmen.

Meer, sich zu erheben. Wellen peitschten auf das Land, überfluteten Häuser und zerstörten die Ernten der dortigen Bewohner. „Das wird ihnen eine Lehre sein“, dachte Olokun.

Als er erfuhr, was Olokun angerichtet hatte, war Obatala entsetzt, denn seine Geschöpfe lagen ihm sehr am Herzen. Doch Olokun war eine mächtige Göttin und er wollte die Sache nicht noch schlimmer machen. So wandte sich Obatala an Orunmila, den Gott der Weisheit, und bat ihn um Rat. „Sei unbesorgt, Obatala“, beruhigte ihn Orunmila. „Ich reise auf die Erde und zähme die Gezeiten, die Olokun entfesselt hat.“

Mit diesen Worten begab sich Orunmila hinab auf die Welt und besänftigte mit seinen Kräften das Meer.

Das Wasser zog sich rasch zurück und das Land war wieder trocken. Olokun aber geriet außer sich, doch sie konnte nichts tun. Wenn sie eine zweite Flut schickte, würde Orunmila auch diese gewiss einfach wieder rückgängig machen. Zumindest dieses Mal musste sie sich wohl geschlagen geben. Und es blieb ihr nichts anderes übrig, als in der Ecke zu sitzen und zu schmollen.

Orunmila beschwichtigte das Meer und trieb es zurück.

ERATO

AUSSPRACHE: E-RA-to

KULTUR: Griechisch-antik

Erato ist eine der neun Musen in der antiken griechischen Mythologie. Die Musen inspirieren die Sterblichen zu Kunstwerken, wobei Erato für die Liebesdichtung zuständig ist.

HI'IAKA

AUSSPRACHE: HI-i-a-ka

KULTUR: Hawaiisch

Hi'iaka, eine hawaiische Göttin, führte als Erste den rituellen Hula-Tanz auf. Daher ist sie die Schutzgöttin des Hula-Tanzes und der Hula-Tanzenden.

BRIGID

AUSSPRACHE: BRI-dschid

KULTUR: Irisch

Brigid gilt als eine der Túatha Dé Danann, der alten Gottheiten Irlands. Sie ist für verschiedene Aspekte, wie die Dichtkunst, zuständig, beherrscht aber auch die Herstellung von Milch und Butter und das Bierbrauen.

GÖTTINNEN VON KUNST, GESANG UND TANZ

Ob Poesie oder Tanz, Weben oder das Erzählen von Geschichten – für die Menschen waren die Gottheiten schon immer Beschützer von Kunst und Handwerk sowie Quelle der Inspiration.

ERZULIE FRÉDA

AUSSPRACHE:
ER-su-li FRE-da

KULTUR: Haitisch

Erzulie Freda, ein als Loa bezeichnetes Geistwesen des haitischen Voodoo-Glaubens, wird mit unterschiedlichen Dingen in Verbindung gebracht, so auch mit Liebe, Schönheit, Tanz und Schmuck.

BENZAITEN

AUSSPRACHE:
BEN-SEI-TEN

KULTUR: Japanisch

Benzaiten gehört als japanische Göttin der Beredsamkeit, Künste und auch des Reichtums zu den sieben Glücksgottheiten Japans. Sie kann die Gestalt eines Drachens annehmen.

SARASWATI

AUSSPRACHE:
SA-ras-WA-ti

KULTUR:
Hinduistisch

Saraswati ist eine der drei Tridevi genannten Hauptgöttinnen des Hinduismus. Sie ist die Göttin der Musik und wird oft beim Spiel auf einer Vina dargestellt.

Hi'iakas gefährlicher Auftrag

Hi'iaka war die Göttin des Tanzes. Sie lebte mit ihrer Partnerin, einer Frau namens Hopoe, in einem Wald voller leuchtendroter Ohiabäume auf der Insel Hawaii.

Hopoe verstand sich auf die alte Kunst des Hula-Tanzens und wurde von Hi'iaka sehr geliebt. Die Göttin verbrachte ihre Tage damit, zu fischen, zu singen und von Hopoe die anmutigen Tanzbewegungen zu lernen. Im Großen und Ganzen führten sie ein glückliches Leben.

Doch eines Tages vernahm Hi'iaka den Ruf ihrer älteren Schwester, der Feuergöttin Pele, die im Vulkan Kilauea wohnte. Hi'iaka wusste, dass es Ärger geben würde, wenn sie ihre mächtige Schwester nicht beachtete, und so begab sie sich in den feurigen Berg, während Hopoe das Haus hütete. „Willkommen Schwester", begrüßte Pele Hi'iaka. „Ich habe eine Aufgabe für dich. Im Traum bin ich dem Mann begegnet, den ich liebe. Er heißt Lohi'au. Doch da ich meinen Berg nicht verlassen kann, muss er zu mir kommen. Also bring' ihn zu mir, aber sei innerhalb von vierzig Tagen zurück."

„Das mache ich gern“, erwiderte Hi‘iaka, „aber du musst mir versprechen, dass du Hopoe und unserem Wald während meiner Abwesenheit nichts anhaben wirst. Verbrenne nicht mit deinem Feuer, was mir am Herzen liegt.“ Denn Hi‘iaka wusste wohl, wie schnell Pele in Rage geriet.

Pele willigte ein und Hi‘iaka machte sich auf die lange, beschwerliche Reise zur Insel Kaua‘i, auf der Lohi‘au lebte.

Bevor Hi‘iaka aufbrach, gab Pele ihr einen Farnrock, den die Farngöttin Pau-o-palae gefertigt hatte. Der Rock konnte Blitze schleudern und sollte sie unterwegs beschützen. Als Pau-o-palae von Hi‘iakas Auftrag erfuhr, schloss sie sich ihr an, und gemeinsam zogen die beiden los.

Hi‘iaka reiste zum Vulkan Kilauea, in dem ihre Schwester Pele lebte.

Auf ihrer Reise durchquerten Hi'iaka und Pau-o-palae einen Wald, in dem der Dämon Pana'ewa hauste. Er war halb Reptil, halb Mensch und konnte nach Belieben eine der beiden Gestalten annehmen. Jeden Tag legte er sich auf die Lauer, um arglose Wanderer zu verschlingen.

Als der Dämon die beiden Göttinnen entdeckte, ließ er Nebelschwaden und Regen aufziehen, sodass sie nichts mehr sehen konnten. Dann setzte er unzählige winzige böse Kobolde frei, die Hi'iaka und Pau-o-palae herumwirbelten und zu Fall brachten.

Doch auf solche Vorfälle war Hi'iaka vorbereitet.

Die Göttin hob den Zauberrock und fegte mit den Farnen den Nebel beiseite. Dann schwang sie den Rock erneut und ließ Blitze auf den Regen und die Kobolde herniederprasseln. Als sie den Weg wieder erkennen konnten, rannten Hi'iaka und Pau-o-palae los und entkamen dem Wald atemlos, aber lebendig. Doch das war nicht die einzige Gefahr, der die beiden unterwegs ausgesetzt waren.

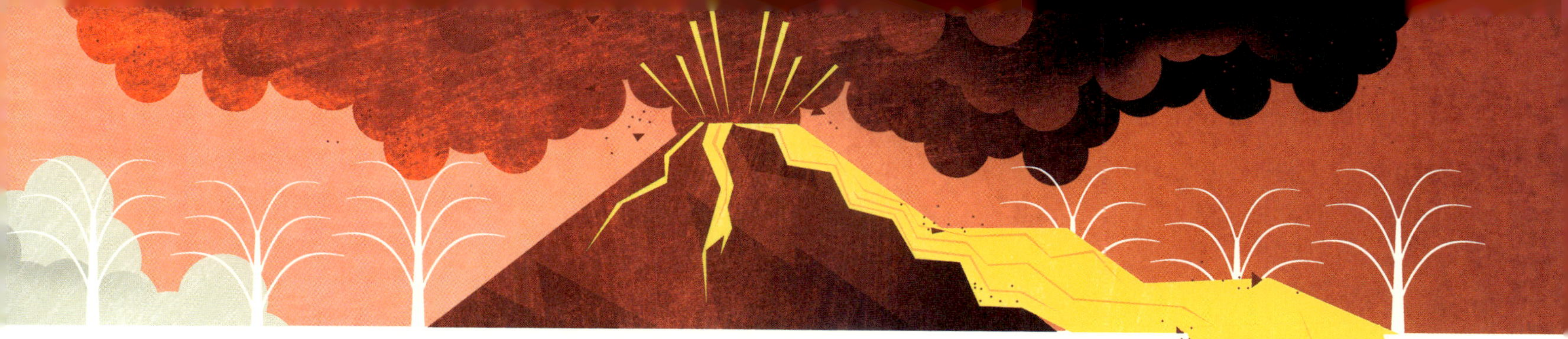

Durch weitere Hindernisse kamen sie viel langsamer voran, als sie gehofft hatten. Tatsächlich waren die vierzig Tage, die Pele ihrer Schwester zugestanden hatte, bereits verstrichen, als die junge Göttin schließlich die Heimat von Lohi'au erreichte.

Da sie nichts von Hi'iaka hörte, fürchtete Pele allerdings, dass ihre Schwester mit dem Auserwählten durchgebrannt war.

Pele wütete und tobte
und feurige Lava stieg aus ihrem Vulkan auf.

Lavabrocken wurden aus dem Kilauea geschleudert und zerstörten alles, was damit in Berührung kam, auch Hi'iakas Haus im Wald. Schließlich traf Peles Zorn Hopoe, die sich voller Angst ans nahe Ufer geflüchtet hatte. Lava umgab sie und hüllte sie ein, und als Peles Ausbruch endlich vorbei war, war Hopoe zu einem riesigen Felsblock geworden.

Allen Zweifeln Peles zum Trotz kehrte Hi'iaka mit Lohi'au zurück. Als sie erfuhr, was mit ihrem Heim und Hopoe geschehen war, war sie untröstlich. Unverwandt saß sie neben dem Felsbrocken und sah, wie er sich im Wind wiegte, als würde er noch immer tanzen.

Benzaitens Segen

Die vielseitige Göttin Benzaiten besaß acht Arme und war sehr mächtig. Sie konnte sich sogar blitzschnell in einen Drachen verwandeln.

Benzaiten war unter anderem die Schutzgöttin der Kunstschaffenden und Krieger. Viele von ihnen kamen von weit her, um ihren Schrein zu besuchen und zu beten. Dieser war im ganzen Land berühmt, denn er war auf einer Insel aus funkelndem Kristall erbaut, die aus der Mitte des großen Biwa-Sees ragte.

Eines Tages tauchte ein Mann am Schrein auf, den Benzaiten noch nie zuvor gesehen hatte. Er hieß Tsunemasa.

Tsunemasa war ein Krieger, der oft in bedeutenden Schlachten kämpfte.

Er wollte die Gunst der Göttin gewinnen, damit sie ihm Glück im Kampf schenkte. „Große Göttin, Beschützerin der Krieger, du gibst mir Hoffnung für die Zukunft“, sprach Tsunemasa, als er den Schrein betrat.

Die Worte des Kriegers gefielen Benzaiten. Gespannt beobachtete sie, wie die Mönche, die ihr dienten, ihm eine Biwa, ein

Benzaiten erschien als prächtiger weißer Drache.

Saiteninstrument gleich einer Laute, brachten. Benzaiten liebte Musik über alles. Tsunemasa nahm die Biwa und begann, Benzaitens geheime Lieder zu spielen. Er beherrschte das Instrument wie kein anderer und als seine Finger über die Saiten tanzten, konnte Benzaiten nicht umhin, sich im Takt der Musik zu wiegen.

Von seinem Spiel gerührt, zeigte sich Benzaiten dem Krieger schließlich in Gestalt eines wunderschönen weißen Drachens.

Beim Anblick der Göttin brach Tsunemasa in Tränen aus. „Heißt das, Ihr erhört meine Gebete?“, schluchzte er überglücklich. Daraufhin nickte Benzaiten nur kurz, aber Tsunemasa wusste, dass er den Segen der Göttin hatte. Von jenem Tag an war er gewiss, dass er all seine Feinde schlagen und sein Volk beschützen konnte.

Tsunemasa spielte für Benzaiten auf der Biwa.

TIER-GÖTTINNEN

Schon immer leben Menschen mit Tieren zusammen. Einige liefern Nahrung, andere werden verehrt, wieder andere sind zu gefährlich, um sich ihnen zu nähern. Doch auch sie werden in vielen Kulturen von Göttinnen beschützt.

WEISSE BÜFFELFRAU

AUSSPRACHE:
–

KULTUR: Indigene Völker Nordamerikas

Die Weiße Büffelfrau ist eine Göttin Nordamerikas, die für die Lakota besondere Bedeutung hat. Sie lehrte ihnen die heiligen Rituale und brachte ihrem Land die Büffel zurück.

MEDEINA

AUSSPRACHE:
me-DEJ-na

KULTUR:
Litauisch

Medeina, die litauische Göttin der Bäume und Tiere, geht gern auf die Jagd. Sie ist unverheiratet und lebt im Wald mit ihrem Wolfsrudel.

DALI

AUSSPRACHE:
DA-li

KULTUR:
Georgisch

Die georgische Göttin der Jagd und Bergtiere beschützt Hirsche und Wildziegen. Mit ihrem langen goldenen Haar fesselt sie Jäger, die zu gierig sind, und lässt sie dann über einem Abgrund baumeln.

NGANU LEIMA

AUSSPRACHE:
n-GA-nu LEJ-ma

KULTUR:
Nordostindisch (Meitei)

Nganu Leima ist die Meitei-Göttin der Enten und anderer Wasservögel. Sie teilt sich einen Ehemann mit ihren zwei Schwestern. Die Meitei Sprechenden leben in Nordostindien.

EPONA

AUSSPRACHE:
e-PO-na

KULTUR: Keltisch

Epona, die keltische Göttin der Pferde, Esel und Ponys, wurde im alten Rom, in Britannien und in Gallien, dem heutigen Frankreich, angebetet. Die Römer begingen sogar ihr zu Ehren im Dezember ein Fest.

Die Lehren der Weißen Büffelfrau

Eines Tages waren zwei junge Männer auf der Jagd nach Wild. Als sie einen Hügel erklommen, sahen sie eine unbekannte Gestalt vor sich und blieben wie angewurzelt stehen.

Die Männer beobachteten ehrfürchtig, wie eine wunderschöne junge Frau in Wildlederkleidung auf sie zu schwebte, ohne dass ihre Füße den Boden berührten. Einer der beiden war ziemlich anmaßend. Ohne um Erlaubnis zu bitten, streckte er die Hand aus und wollte die Frau anfassen.

Da zuckte ein greller Blitz über den Himmel.

Bevor der andere wusste, was geschah, lag nur noch ein Häufchen Asche an der Stelle, an der sein Begleiter gestanden hatte. „Geh nach Hause und sag deinem Häuptling, er soll Vorkehrungen für meinen Besuch treffen", befahl die Frau dem Mann.

Der junge Jäger nickte. Eilends kehrte er heim, um seinem Volk und ihrem Häuptling Stehendes Hohlhorn zu berichten, was passiert war. Als die anderen das hörten, begannen sie sofort mit den Vorbereitungen.

Nach vier Tagen und vier Nächten erschien die Frau mit einem Bündel in der Hand. Stehendes Hohlhorn begrüßte sie ehrerbietig und bat sie zu sich ins Zelt. Der Frau gefiel sein Benehmen und so zog sie eine Chanupa genannte Pfeife aus ihrem Bündel. „Ich bin gekommen, um dich sieben Rituale zu lehren, mit denen du den Kreislauf der Natur ehren wirst“, sagte sie.

Alle lauschten aufmerksam, als die Frau ihnen beibrachte, wie man die Pfeife benutzte und die sieben Rituale durchführte.

Als sie alles zu ihrer Zufriedenheit gelernt hatten, machte sich die Frau wieder auf den Weg. Doch bevor sie den Blicken entschwand, hielt sie an und wälzte sich auf dem Boden. Mit jeder Bewegung verwandelte sie sich – erst in einen schwarzen, dann in einen braunen und schließlich in einen roten Büffel. Bei ihrer letzten Drehung wurde sie zu einem prächtigen weißen Büffel.

Von da an spendete der Büffel dem Jäger und seinem Volk alles, was sie brauchten, von Fleisch, das sie essen konnten, bis zu dem Fell, in das sie sich kleiden konnten. Aber sie nahmen nie mehr als nötig, und sie erinnerten sich an ihre Rolle im Kreislauf der Natur.

Die Frau wälzte sich auf dem Boden und wurde zu einem weißen Büffel.

Dali und der Jäger

Die Göttin Dali lebte in den Bergen. Sie wachte über die Huftiere, mit denen sie sich ihr Heim teilte, darunter Wildziegen und Hirsche.

Eines Tages, die Göttin war schwanger, wachte sie auf und stellte fest, dass die Wehen eingesetzt hatten. Allein ließ sie sich am Rand eines Berges nieder und brachte ein winziges weinendes Baby zur Welt.

Dali war von der Geburt jedoch so erschöpft, dass ihr das Kind aus den Händen glitt und den Abhang hinunterpurzelte. Zu ihrem Entsetzen wartete am Fuß des Berges ein riesiger Wolf, der sich das Baby mit seinem grässlichen Maul schnappte.

Glücklicherweise hatte ein Jäger namens Mepisa alles gesehen. Ohne sich lange zu besinnen, sprang er auf, legte das Gewehr an und schoss auf das Tier.

Durch den lauten Knall ließ der Wolf das Kind fallen und Mepisa fing den Jungen auf.

„Du hast meinen Sohn gerettet", weinte Dali. „Für deine Güte darfst du zwischen drei Geschenken wählen. Du kannst jeden Tag eine kleine

Bergziege oder jeden September neun große Tur bekommen. Oder aber du kannst bei mir wohnen.“

Tur sind Steinböcke, die nur im Kaukasus vorkamen und heißbegehrt waren. Dass er so viele davon erhalten sollte, brachte Mepisa ganz aus dem Häuschen. „Habt Dank, oh Göttin“, erwiderte er. „Ich entscheide mich für die jährlichen neun Tur.“

Als es September wurde, sandte Dali eine Herde Tur zu Mepisa, wie sie es versprochen hatte. Weil sie aber den Jäger gern wiedersehen wollte, verwandelte sie sich selbst in eine Ziege mit goldenen Hörnern und folgte ihnen. Doch Mepisa wusste den goldenen Glanz der Hörner nicht zu deuten und schoss nichtsahnend auf Dali.

Die Kugel zischte durch die Luft, prallte jedoch von Dalis Horn ab und traf Mepisa, der tot zusammenbrach. Auf diese Weise fand Mepisas Leben ein tragisches Ende. Dali und ihrem Sohn aber blieb nur die Erinnerung an seinen Mut.

Seitdem die Menschen Gottheiten verehren, baten sie sie um Hilfe in der Liebe und im Krieg. Obwohl diese zwei Aspekte sehr gegensätzlich wirken, ist manchmal dieselbe Göttin sowohl für das eine wie das andere zuständig.

LIEBES- UND KRIEGS-GÖTTINNEN

MORRÍGAN

AUSSPRACHE: MO-ri-gin

KULTUR: Irisch

Morrigán, eine Göttin der irischen Sagenwelt, erscheint Kriegern oft als unheilvolles Omen auf dem Schlachtfeld. Zuweilen wird sie als eine Frau, zuweilen als drei Frauen dargestellt. Außerdem kann sie sich in einen Raben verwandeln.

INANNA

AUSSPRACHE: i-NA-na

KULTUR: Akkadisch und sumerisch

Inanna ist sowohl eine Liebes- als auch eine Kriegsgöttin und gleichzeitig die Königin des Himmels im sumerischen Glauben. Bei den Bewohnern von Akkad wurde sie Ischtar genannt. Die sumerischen und akkadischen Reiche entstanden im alten Mesopotamien.

FREYJA

AUSSPRACHE: FRE-ja

KULTUR: Nordisch

In der nordischen Mythologie gilt Freyja als Liebes- und Totengöttin. Im Jenseits empfängt sie die Hälfte der im Kampf Gefallenen. Ihr Wagen wird von zwei Waldkatzen gezogen und sie hat ein Falkengewand, mit dem sie fliegen kann.

HATHOR

AUSSPRACHE:
HA-tor

KULTUR:
Altägyptisch

Hathor ist die altägyptische kuhgestaltige Göttin der Liebe. Doch sie kann sich in die Kriegsgöttin Sachmet verwandeln. Als solche trägt sie einen Löwenkopf.

ANAT

AUSSPRACHE:
A-nat

KULTUR:
Amurritisch
und altägyptisch

Anat, Göttin des Krieges und der Jagd, huldigten zuerst die Amurriter im alten Syrien vor über 4000 Jahren. Unter Ramses II. wurde sie auch im alten Ägypten bekannt.

Inanna in der Unterwelt

Inanna war eine einflussreiche Göttin, die über Liebe und Krieg herrschte. Doch es ärgerte sie sehr, dass sie trotz all ihrer Macht die Unterwelt nicht besuchen durfte.

Außer den Boten ihrer Schwester Ereschkigal, der Göttin der Unterwelt, war es niemandem erlaubt, die dunklen Tiefen zu betreten und wieder zu verlassen. Doch Inanna ließ sich davon nicht abschrecken und beschloss, der Unterwelt dennoch einen Besuch abzustatten.

So kam sie zum ersten Tor des Jenseits und verlangte Einlass. „Wenn du mir keinen Zutritt gewährst, werde ich die Tür niedertreten", rief sie. Und so öffnete der Torwächter die Pforte, verlangte aber, dass Inanna zuerst ihre Krone absetzen müsse.

Eines nach dem anderen passierte Inanna die sieben Tore zur Unterwelt und an jedem musste sie eines ihrer Schmuckstücke ablegen, bis sie zu Ereschkigals Hof gelangte.

Bei Inannas Anblick geriet Ereschkigal außer sich. „Du wirst dieses Reich nie mehr verlassen, Schwesterchen“, verkündete sie und versetzte Inanna in einen tiefen Schlaf.

Da Inanna in der Unterwelt gefangen war, verschwand die Liebe von der Erde.

Ereschkigal war wütend, weil Inanna die Unterwelt betreten hatte.

Enki, der Gott der Weisheit, war darüber sehr beunruhigt. Ohne Inanna bekamen die Tiere keine Jungen und die Sterblichen keine Kinder mehr. Also schmiedete er einen Plan. Zuerst erschuf er eine wunderschöne Person namens Asu-shu-namir und trug ihr auf, Inanna zu retten. „Geh in die Unterwelt, Asu-shu-namir, und sprich die Namen der großen Gottheiten aus“, bat Enki. „Anschließend wird Ereschkigal dir alles geben, wonach du verlangst, auch das Wasser des Lebens.“

Wie geheißen, zog Asu-shu-namir in die Unterwelt und sagte laut die Namen der großen Gottheiten auf. Das ärgerte Ereschkigal zwar, aber sie konnte nichts dagegen tun. Als Asu-shu-namir von ihr das Lebenswasser einforderte, musste sie es ihm überlassen.

Damit beträufelte Asu-shu-namir Inannas reglosen Körper und weckte sie aus ihrem Schlaf. Gemeinsam durchquerten sie die sieben Tore, kehrten heim ins Land der Lebenden und brachten deren Bewohnern die Liebe zurück.

Hathors zwei Gesichter

Der Gott Re war der erste König Ägyptens. Eine Gruppe von Menschen wollte ihn stürzen. Stundenlang grübelte er, wie er sich gegen sie zur Wehr setzen konnte.

Dabei sollte ihm sein Auge helfen. Re entfernte es aus seinem Gesicht und verwandelte es mithilfe seiner Kräfte in die Göttin der Liebe, Hathor, die den Kopf einer Kuh trug. „Du musst die Menschen bestrafen, die mich verraten haben", trug Re ihr auf. „Finde und vernichte sie." Und so zog Hathor los, spürte einen nach dem anderen auf und tötete die aufmüpfigen Sterblichen. Doch die Gewalt veränderte den Charakter der Göttin. Sobald sie jemandem den Garaus gemacht hatte, verwandelte sie sich in die löwenköpfige Göttin des Krieges, Sachmet.

In Sachmets Gestalt fand sie Geschmack an Blut. Und als ihre Aufgabe vollendet war, setzte sie ihren Rachefeldzug fort.

Die Göttin zog durch die ägyptische Wüste und erschlug jeden Menschen, dem sie begegnete. Re sorgte sich, dass Hathor über das Ziel hinausschießen und erst aufhören würde, wenn der letzte Mensch tot

war. Also klügelte er einen Plan aus. Zunächst wies er einen Priester an, feinstes Bier mit rotem Ocker zu vermischen, einem Färbepigment. Zu seiner Freude sah das fertige Gebräu genauso aus wie Blut.

Als Nächstes bat er sein Gefolge, siebentausend Krüge mit dem Bier auf ein Feld zu schütten, das auf Sachmets Weg lag. Als diese dort ankam und das vermeintliche Blut sah, glaubte sie, dort habe kürzlich eine Schlacht stattgefunden.

Aufgeregt labte sie sich an dem Blut und war überrascht, wie gut es schmeckte.

„Was ist das für ein Trank?“, fragte Sachmet laut. „Es ist anders als jedes Blut, das ich zuvor gekostet habe.“

Re, der sich in der Nähe versteckt hielt, trat bei ihren Worten hervor. „Nur Menschen können dieses Getränk zubereiten“, erklärte er. „Wenn du sie alle tötest, kann es niemand mehr brauen.“

„Dann werde ich sie verschonen, denn das ist besser als Blut“, erwiderte sie. Vor Res Augen verwandelte sich Sachmet zurück in Hathor. Und damit fand ihre Mordlust ein für alle Mal ein Ende.

Anat hilft Baal

Die Kriegsgöttin Anat war die Schwester des Wettergottes Baal. Eines Tages stattete ihr Baals Bote einen Besuch ab.

Der Bote lud Anat ein, mit Baal eine kürzlich gewonnene Schlacht gegen den Meeresgott Jammu zu feiern. Anat nahm die Einladung an. Bei ihrer Ankunft wurde sie herzlich von ihrem Bruder empfangen. Beim Essen unterhielten sie sich eine Weile, doch Anat bemerkte, dass Baals Laune von Stunde zu Stunde sank. „Sag mir, Bruder, warum bläst du Trübsal, wo du doch so erfolgreich warst?“, erkundigte sie sich.

Baal seufzte. „Ich wünschte, ich hätte wie die anderen Gottheiten einen eigenen Palast, der meiner würdig ist“, erklärte er. „Denn ich habe keinen festen Wohnsitz.“

An diesem Wunsch war nichts Ungebührliches, aber El, der höchste Gott, konnte Baal nicht leiden.

Anat wollte ihrem Bruder gern beistehen. „Wenn es dir hilft, gehe ich in deinem Namen zu El und bitte ihn, einen Palast für dich zu bauen“, bot sie an. Bei diesem Vorschlag hellte sich Baals Miene auf und er willigte dankend ein.

Also suchte Anat El auf. Doch der Gott wollte nichts von den Wünschen Baals wissen und schickte sie weg. Anat aber hatte einen zweiten Plan! Sie überbrachte Aschera, der Muttergöttin und Frau von El, Geschenke. „Könnt Ihr bitte El überreden, für Baal ein Haus zu erbauen?“, fragte Anat. „Ein Gott wie er verdient einen Palast.“

*Zum Glück mochte Aschera Anat
und Geschenke mochte sie noch viel mehr.*

Also gewährte sie Anat ihre Bitte und redete mit ihrem Ehemann. Da er Aschera nur ungern etwas abschlug, gab er schließlich nach. Er rief seine göttlichen Handwerker zu sich und wies sie an, einen Palast zu errichten, der einem Gott angemessen sei.

Und so verhalf Anat Baal zu einem neuen Zuhause.

Baal war überglücklich, endlich einen eigenen Palast zu haben.

ANDERE GÖTTINNEN

Einige Göttinnen lassen sich nicht so leicht einordnen. Oft überwachen sie ganz besondere Lebensbereiche und sind in anderen Kulturen gar nicht vertreten. Von Dung bis zu Türscharnieren beeinflussen sie die kleinsten Aspekte des Lebens.

AXOMAMA

AUSSPRACHE: AK-so-MA-ma

KULTUR: Inka

Axomama ist die Inkagöttin der Kartoffeln und Tochter der Muttergöttin Pachamama. Die Inka lebten in Peru. Von dort stammt auch die Kartoffel.

CARDEA

AUSSPRACHE: kar-DE-a

KULTUR: Römisch-antik

Cardea ist die römisch-antike Göttin der Schwellen und Türscharniere. Sie hat die wichtige Aufgabe, Zugang zu Häusern und Wohnungen zu gewähren.

TLAZOLTEOTL

AUSSPRACHE: TLA-zol-te-O-tel

KULTUR: Aztekisch

Tlazolteotl ist eine aztekische Göttin, die für vieles zuständig ist, wie auch für den Dung. Sie isst Schmutz und lässt die Pflanzen wachsen. Sie galt auch als Göttin der Reue und Reinigung.

ZIGU

AUSSPRACHE: se-GU

KULTUR: Chinesisch

Zigu ist die Göttin der Toiletten und gehört zu den sechs altchinesischen Haushaltsgottheiten. Ursprünglich war sie eine Sterbliche, die tragischerweise ermordet und dann zu einer Göttin wurde.

LES LAVANDIÈRES

AUSSPRACHE: leh LA-won-DJER

KULTUR: Keltisch

Les Lavandières heißen drei Göttinnen der keltischen Mythologie, die als ältere Waschfrauen dargestellt werden. Sie waschen die Kleidung der Sterbenden und können auch den Tod eines Menschen vorhersagen.

Wie Zigu zur Göttin wurde

Es war einmal ein Mann, der hieß Zixu. Er war in eine junge Frau namens Zigu verliebt, die in seinem Haus lebte und arbeitete.

Doch Zixu hatte bereits eine Ehefrau, Cao, die Zigu aus tiefstem Herzen verabscheute. Deshalb trug sie Zigu immer die Schmutzarbeit auf und ließ sie den Schweinestall ausmisten oder die Toilette scheuern.

Doch es reichte Cao nicht, Zigu garstige Aufgaben zu übertragen. Sie wurde immer eifersüchtiger und wütender, bis sie eines Tages den Verstand verlor. Sie schlich sich an Zigu heran, die gerade die Toilette putzte, und erschlug die junge Frau an Ort und Stelle.

Ohne dass Cao davon wusste, war ein Bote der Götter Zeuge von Zigus Tod geworden.

Er hatte Mitleid mit der armen jungen Frau, die nichts getan hatte, außer ihre Pflichten zu erfüllen. „Ich mache dich zu einer Göttin", sprach der Bote zu Zigus Geist. „Du wirst unvergessen bleiben. Die Sterblichen werden dich jedes Jahr an diesem Tag so ehren, wie du zu Lebzeiten nie geehrt wurdest."

Und so geschah es. Von da an standen die Menschen im ganzen Land am fünfzehnten Tag des ersten Monats vor ihren Toiletten oder Schweineställen und luden Zigus Geist in ihr Heim ein.

Wein und Früchte wurden für den Geist der jungen Frau bereitgestellt.

Wenn Zigu kam, tanzte und sang sie zur Freude ihrer Gastgeber. Zum Schluss fragten die Menschen Zigu, was sie im nächsten Jahr erwarten würde, und die Göttin sagte ihnen die Zukunft voraus. Wie der Bote versprochen hatte, wurde Zigu als Göttin so viel Respekt erwiesen, wie es ihr als Sterbliche nie widerfahren war.

Jedes Jahr an ihrem Todestag wurde Zigus Geist eingeladen.

MAGISCHE WESEN

Feen, Meerjungfrauen, Hexen und Gestaltwandlerinnen – es gibt viele weibliche Zauberwesen. Sie wohnen auf der Erde und haben oft mit Menschen zu tun. Aber ob sie ihre Fähigkeiten zum Guten oder Bösen einsetzen, ist von Fall zu Fall verschieden.

Die Sagengestalten, die du nun kennenlernen wirst, haben Kräfte, von denen wir Menschen nur träumen können. Doch ein paar clevere Sterbliche sind durchaus in der Lage, ihnen ein Schnippchen zu schlagen.

FEEN UND NATURGEISTER

Die ganze Welt, von den dichten Wäldern bis zu den schneebedeckten Bergen, steckt voller Geheimnisse. So ist es nicht verwunderlich, dass sich in den Sagen viele Wesen tummeln, die an diesen magischen Orten leben und sie beschützen.

BLODEUWEDD

AUSSPRACHE: blo-DEI-weð („ð“ wie englisches „th“)

KULTUR: Walisisch

Blodeuwedd wurde von einem Zauberer aus den Pflanzen Eiche, Mädesüß und Ginster geschaffen. Sie war mit dem Helden Lleu Llaw Gyffes verheiratet, der aufgrund eines Fluches keine Sterbliche zur Frau nehmen durfte. Nachdem sie ihn betrog, wurde sie zur Strafe in eine Eule verwandelt.

CIGUAPA

AUSSPRACHE: si-GWA-pa

KULTUR: Dominikanisch

Ciguapas sind Sagengestalten aus den Bergen und Wäldern der Dominikanischen Republik. Sie haben eine Frauengestalt und sind für ihre Schönheit, ihre blaue Haut und ihre nach hinten zeigenden Füße bekannt.

WHUPPITY STOORIE

AUSSPRACHE: WA-pi-ti STU-ri

KULTUR: Schottisch

Whuppity Stoorie, das schottische Rumpelstilzchen, will kleine Kinder stehlen und trifft eine hinterhältige Abmachung mit Müttern, die in Not geraten sind.

RHIANNON

***AUSSPRACHE*:**
ri-A-non

***KULTUR*:** Walisisch

Die Feenkönigin Rhiannon aus der walisischen Mythologie gilt als unglaublich schlau. Sie steht eng mit Pferden in Verbindung und wollte ausschließlich einen Mann heiraten, den sie aufrichtig liebt.

ÂU CƠ

***AUSSPRACHE*:**
AU KÖ

***KULTUR*:**
Vietnamesisch

Âu Cơ, eine vietnamesische Fee, lebt in den Bergen. Sie reist weit umher, um mit ihren Heilkräften Kranke gesund zu machen.

LA MADREMONTE

***AUSSPRACHE*:**
la MA-dre-MON-te

***KULTUR*:** Kolumbianisch

La Madremonte ist ein Rachegeist aus Kolumbien. Sie wacht über den Wald und dessen Tiere und bestraft diejenigen, die ihnen Schaden zufügen.

Rhiannons Hochzeit

Die Fee Rhiannon war schon lange einem Mann namens Gwawl versprochen. Doch sie hegte keinerlei Gefühle für ihn. Sie wollte nur Pwyll heiraten, den Fürsten von Dyfed.

Rhiannon hatte Pwyll seit vielen Monaten beobachtet, während sie selbst unsichtbar blieb. Doch eines Tages beschloss sie, sich ihm zu erkennen zu geben. Pwyll saß auf einem Zauberhügel, der denen, die dessen würdig waren, etwas Wunderschönes zeigen sollte. Da erschien vor Pwylls Augen Rhiannon in einem prächtigen goldenen Gewand auf dem Rücken eines mächtigen Schimmels. Sofort wusste Pwyll, dass dies die Frau seiner Träume war.

Er sprang auf sein Pferd und versuchte sie einzuholen. Doch so schnell er auch ritt, konnte er den Abstand zu Rhiannon nicht verringern. „Bitte warte auf mich!“, rief Pwyll.

Als sie ihn hörte, brachte Rhiannon ihr Pferd zum Stehen.

„Aber ja doch. Dein Pferd hätte sich sicher gefreut, wenn du mich schon etwas früher darum gebeten hättest“, lachte sie und deutete mit dem Kopf auf sein keuchendes Ross.

„Sag, was führt dich in diese Gegend?“, fragte Pwyll.

„Mein Vater will mich gegen meinen Willen mit einem Mann verheiraten, aber ich hätte lieber dich zum Ehemann, tapferer Fürst“, verkündete Rhiannon.

Pwyll war hocherfreut. „Natürlich heirate ich dich!“, jubelte er.

Sie legten den Tag für die Hochzeit fest und genau ein Jahr darauf hielten sie vor ihrer Vermählung ein Festmahl ab. Doch bald schon wurde die Feier von einem ungebetenen Gast gestört. „Ich bin hier, um Euch um einen Gefallen zu bitten“, sagte der Fremde zu Pwyll.

„Tragt Euren Wunsch vor. Wenn es in meiner Macht steht, wird er Euch gewährt“, antwortete Pwyll.

Bei diesen Worten seufzte Rhiannon. „Warum gibst du ihm dieses Versprechen, ohne zu wissen, was er begehrt? Das war eine unglaubliche Dummheit“, wies sie ihn zurecht.

„Wieso? Wer ist dieser Mann?“, erkundigte sich Pwyll erschrocken.

„Ich heiße Gwawl“, erwiderte der Fremde.
„Und ich bitte Euch um Rhiannons Hand.“

Pwyll hatte das Versprechen vor seinem Hofstaat gegeben und musste Wort halten. Doch zum Glück hatte Rhiannon eine Idee. „Hier“, raunte sie und gab Pwyll einen kleinen Sack. „Wenn der Tag kommt, an dem ich Gwawl heiraten soll, bringe deinen Wunsch vor. Bitte ihn, diesen Sack mit Speisen zu füllen. Der Sack ist magisch und wird niemals voll. Wenn Gwawl ungeduldig wird, sag ihm, dass alles Essen der Welt in den Sack passt, wenn nicht ein Edelmann hineinsteigt und den Inhalt zusammenpresst. Tut er das, schnüre den Sack zu, damit er nicht heraus kann.“

Wie geheißen, kam Pwyll mit dem Zaubersack zu Gwawls und Rhiannons Hochzeit. „Bitte erlaubt mir, ein paar Speisen von Eurer Festtafel zu nehmen“, sprach Pwyll zu Gwawl. Diese Bitte erschien Gwawl so gering, dass er augenblicklich einwilligte. Doch unter Gwawls entsetztem Blick ließ Pwyll eine Delikatesse nach der anderen in dem Sack verschwinden.

„Wann ist der Sack endlich voll?“, wollte Gwawl wissen.

Pwyll wiederholte Rhiannons Worte und Gwawl bot sich sofort freiwillig für diese Aufgabe an.

Doch sobald Gwawls Füße die Speisen berührten, warf Pwyll den Sack hoch in die Luft und band ihn so fest zu, wie er konnte. „Lasst mich heraus!“, brüllte Gwawl von innen. „Nur, wenn ich statt deiner Pwyll heiraten kann“, erwiderte Rhiannon.

„Also gut!“, räumte Gwawl seine Niederlage ein. Und so setzten sich Rhiannon und Fürst Pwyll noch am selben Abend zum Hochzeitsmahl, wobei dieses Mal niemand ihre Heirat verhindern konnte.

Pwyll schwang den Sack über seinem Kopf und sperrte Gwawl darin ein.

Whuppity Stoories Rätsel

Mit der Fee Whuppity Stoorie war nicht zu spaßen. Als eine junge Frau in Schwierigkeiten steckte, stattete ihr die Fee einen unheilvollen Besuch ab.

Der Ehemann der jungen Frau hatte sich aus dem Staub gemacht und sie und ihr Kind mit nichts als einem wertvollen Schwein zurückgelassen. Doch an jenem Morgen wurde das Tier krank. „Das Schwein ist alles, was ich habe“, klagte die Frau.

„Lass mich dir helfen“, sprach eine krächzende Stimme. Als die Frau sich umwandte, sah sie ein altes Weib in der Tür zum Stall stehen.

„Wenn Ihr mir helft, gebe ich Euch alles, was Ihr begehrt!“, flehte die junge Frau. Sie wusste ja nicht, dass sie eine böse Fee vor sich hatte.

Und so kniete sich die Fee neben das Schwein und raunte eine Zauberformel.

Mit einem lauten Schnaufer hievte sich das Schwein auf die Hufe und trippelte wie neugeboren durch den Stall. „Ich habe dein Schwein gerettet. Dafür bekomme ich dein Kind“, sagte die Fee und deutete auf das Bündel in den Armen der Frau.

„Nicht meinen Sohn!“, rief die Frau entsetzt.

„Du hast versprochen, dass ich alles bekomme, was ich will. Aber wie es das Gesetz meines Volkes verlangt, gewähre ich dir drei Tage, bevor ich mir dein Kind hole. Wenn du in dieser Zeit meinen Namen errätst, kannst du deinen Sohn behalten.“ Und mit diesen Worten verschwand die Fee.

In jener Nacht bekam die junge Frau kein Auge zu. Und daher beschloss sie am Morgen darauf, in einem Wald in der Nähe spazieren zu gehen. Während sie so dahinlief, hörte sie vor sich jemanden singen. Und was sie da vernahm, erstaunte sie sehr.

„Meinen Namen errät sie nie,
denn ich heiße Whuppity Stoorie“, sang die Stimme.

Es war die Fee! Geschwind wie ein Hase sauste die Frau zurück nach Hause und wartete zwei Tage auf die Ankunft der Fee. „Zeit, mir dein Kind zu geben“, schrie die Fee schon von Weitem.

„Das glaube ich nicht, WHUPPITY STOORIE“, höhnte die Frau. Beim Klang ihres Namens ergriff die Fee kreischend die Flucht. Die junge Frau und ihr Sohn aber lebten fortan in Frieden.

Whuppity Stoorie heilte das Schwein der Frau und wollte dafür das Kind.

PINCOYA

AUSSPRACHE: pin-KO-ja

KULTUR: Chilenisch

Pincoya ist eine Meerjungfrau, die im Gewässer um die chilenische Insel Chiloé lebt. Sie versorgt die Einheimischen mit Fisch.

MYTHISCHE WASSERWESEN

Von Ozeanen bis zu Bächen ist die Erde von Gewässern bedeckt. In deren Tiefen sollen zahlreiche Sagengestalten umhertollen, wie Wassergeister und fischschwänzige Meerjungfrauen.

IARA

AUSSPRACHE: JA-ra

KULTUR: Brasilianisch

Iara, eine brasilianische Meerjungfrau mit langem, grünem Haar, lockt aus Rache Männer mit ihrem Gesang hinab auf den Meeresgrund.

MELUSINE

AUSSPRACHE: me-lu-SI-ne

KULTUR: Französisch

Melusine, Wassergeist und Tochter der Fee Presine, muss sich aufgrund eines Fluches jeden Samstag hüftabwärts in eine Schlange verwandeln.

PANIA

AUSSPRACHE: PA-ni-a

KULTUR: Maorisch

Pania, eine Meerjungfrau, die vor der Nordinsel Neuseelands wohnt, heiratete einen Maori, kehrte dann aber zu ihrem Volk ins Meer zurück.

LEIRIOPE

AUSSPRACHE: lei-ri-O-pe

KULTUR: Griechisch-antik

Leiriope ist eine Najade genannte Nymphe aus der griechischen Mythologie. Die Najaden bewohnen und bewachen Flüsse, Seen und Bäche. Sie war die Mutter des schönen Jünglings Narziss.

MAMAN DLO

AUSSPRACHE: ma-MONG DLO

KULTUR: Trinidad und Tobago

Maman Dlo, was „Mutter des Flusses“ heißt, lebt als Wassergeist in der Karibik. Anstelle von Beinen hat sie hüftabwärts einen riesigen Schlangenschwanz.

Der Verrat an Pania

Im Ozean vor der neuseeländischen Nordinsel lebte einst eine Meerjungfrau namens Pania. Jede Nacht schwamm sie allein ans Ufer und betrachtete die funkelnden Sterne am Himmel.

Eines Abends stieg Pania aus dem Wasser, um sich im Schutz einiger dichter Leinsträucher auszuruhen, als sie von einem Mann entdeckt wurde. Er war der örtliche Häuptling und sehr attraktiv. Sein Lächeln nahm die Meerjungfrau gefangen.

Pania folgte dem Häuptling in sein Dorf, wo die beiden vermählt wurden.

Doch obwohl sie einander sehr liebten, kehrte Pania jeden Morgen bei Sonnenaufgang zu ihrem Volk ins Meer zurück und kam erst nach Hause, wenn die Nacht anbrach.

Einige Monate darauf brachte Pania einen Sohn zur Welt, den sie Moremore nannten. Zuerst war der Häuptling überglücklich.

Der Häuptling stellte Speisen auf Pania und Moremore, als sie schliefen.

Doch bald fürchtete er, seinen Sohn an das Meeresvolk zu verlieren. Er fragte einen Stammesältesten, wie er das verhindern könne. „Stelle gekochte Speisen auf deine Frau und dein Kind, während sie schlafen, und sie werden dich nie verlassen", sagte der weise Mann.

Der Häuptling tat, wie ihm geheißen, aber er beging einen Fehler.

Das Essen war nicht gar gekocht und zeigte deshalb keine Wirkung. Als Pania tags darauf erwachte, bemerkte sie, dass ihr Mann ihr nicht vertraute, und entschied schweren Herzens, dass sie nicht länger bleiben könne. In jener Nacht ging sie mit ihrem Sohn fort und der Häuptling sah die beiden nie wieder.

Melusines Fluch

Melusine war die Tochter der Fee Presine. Als sie fünfzehn Jahre alt war, beleidigte das Kind seine Mutter. Daraufhin belegte Presine ihre Tochter mit einem Fluch, von dem sie niemandem erzählen durfte.

Einige Jahre darauf planschte Melusine im Durstbrunnen und genoss die Sonnenstrahlen, als sich ein junger Mann zu Pferde näherte. „Guten Tag, Mademoiselle. Mein Name ist Raymond, Graf von Poitou. Und wie heißt Ihr?“

Melusine fand den Grafen sehr charmant und verriet ihm gern ihren Namen.

Die beiden plauderten den ganzen Tag und stellten fest, dass sie vieles gemein hatten. So bat Raymond Melusine, seine Frau zu werden. „Nichts möchte ich lieber, Raymond“, erwiderte sie. „Aber du musst mir etwas versprechen.“ „Alles!“, rief er aus. „Du darfst mich unter keinen Umständen an einem Samstag aufsuchen und nie nach dem Grund dafür fragen“, antwortete Melusine.

Da ihm das als Lappalie erschien, willigte Raymond eilends ein, und bald wurden sie vermählt. Eine Weile hielt Raymond sein Versprechen, aber als die Jahre ins Land zogen, machte ihn die Bitte seiner Frau immer neugieriger.

Schließlich gewann die Neugier die Oberhand und er beschloss, Melusine nachzuspionieren.

Er schlich zum Gemach seiner Frau und öffnete die Tür einen Spalt. Was er sah, bestürzte ihn. Während sie hüftaufwärts noch immer seine Frau war, ersetzte ein riesiger Schlangenschwanz ihre Beine und aus ihrem Rücken sprossen lederartige Flügel. Er sprang vor sie und stellte sie zur Rede. „Du bist eine Schlange!“, schrie er. Sein Zorn jagte Melusine Angst ein. „Ja, jetzt kennst du mein Geheimnis, und ich weiß nun, dass ich dir nicht länger vertrauen kann“, schluchzte Melusine. „Darum muss ich dich verlassen. Du wirst mich nie wiedersehen.“ Und so floh sie vor ihrem Ehemann und kehrte nie mehr zu ihm zurück.

Maman Dlos neue Gefährtin

Über die Flüsse von Trinidad und Tobago wachte ein mächtiger Geist namens Maman Dlo. Sie behütete die Gewässer und die Tiere, die darin lebten.

Von der Taille aufwärts sah Maman Dlo wie eine alte, langhaarige Frau aus, die über und über tätowiert war, doch ihr Unterleib hatte die Gestalt einer riesigen Schlange. Sie lebte unter Wasser und schirmte ihr Reich vor ungebetenen Gästen ab.

Eines Morgens hörte Maman Dlo jemanden über dem Wasser singen. Als sie nach oben kroch, um herauszufinden, wer ihre Ruhe störte, erblickte sie eine junge Frau, die ihre Wäsche gegen einen Felsen schlug. „Wer singt hier so lieblich?“, fragte Maman Dlo mit rauer Stimme.

„Wer spricht mit mir?“, stotterte die Frau: „Ich heiße Ti Jeanne.“ Bei diesen Worten erhob sich Maman Dlo aus dem Wasser, während die junge Frau beim Anblick des Wassergeistes erschauderte und sofort wusste, wen sie da vor sich hatte. Maman Dlo wiegte sich auf ihrem Schlangenschwanz hin und her und erwiderte krächzend: „Du bist sehr schön, Ti Jeanne.“

Der Klang dieser Stimme und der schwingende Körper hatten eine hypnotisierende Wirkung auf Ti Jeanne.

Langsam watete sie also in den Fluss zu Maman Dlo. Als sie tief genug im Wasser stand, peitschte der Wassergeist mit dem Schwanz große Wellen auf, die über der jungen Frau zusammenschlugen und bald schaute nur noch Ti Jeannes Nasenspitze heraus. Da sprach Maman Dlo ein letztes Mal: „Du wirst mir Gesellschaft leisten, Ti Jeanne, und für mich singen.“ Mit einer raschen Handbewegung verwandelte Maman Dlo Ti Jeannes Beine in einen langen, glänzenden Fischschwanz.

Und so wohnte Ti Jeanne viele Jahre unter Wasser bei Maman Dlo, spielte mit den anderen Flussgeistern und half ihnen, ihre Heimat zu beschützen.

Maman Dlo peitschte das Wasser auf, bis es über Ti Jeanne zusammenschlug.

HEXEN UND ZAUBERINNEN

In fast jeder Region erzählt man sich Geschichten über Hexen und Zauberinnen. Viele von ihnen verstehen sich auf Magie und Zaubertränke. Manche der Frauen gelten als gut, andere als böse – auf jeden Fall aber sind sie trickreich.

KRIEMHILD

AUSSPRACHE: KRIM-hild

KULTUR: Nordisch

Kriemhild aus der nordischen Mythologie ist nicht nur eine Zauberin, sondern auch eine burgundische Königstochter. Sie hat vier Kinder, von denen sie zwei durch Zaubertricks mit Helden verheiratete.

BABA JAGA

AUSSPRACHE: BA-ba JA-ga

KULTUR: Slawisch

Baba Jaga, die Hexe im slawischen Volksglauben Osteuropas, wohnt im Wald in einem Zauberhaus, das auf riesigen Hühnerbeinen steht und laufen kann.

MEDEA

AUSSPRACHE: me-DE-a

KULTUR: Griechisch-antik

In der griechischen Mythologie gilt Medea, die Tochter des Königs von Kolchis, als eine mächtige Zauberin, die mit ihren Tränken den Helden Iason unterstützte.

MORGANA

AUSSPRACHE: mor-GA-na

KULTUR: Walisisch

Morgana, eine Zauberin und vermutlich die Halbschwester des legendären britannischen Königs Artus, setzt ihre Kräfte manchmal zum Guten und manchmal zum Bösen ein.

LILITH

AUSSPRACHE: LI-lit

KULTUR: Jüdisch und mesopotamisch

Für die Menschen im alten Mesopotamien, wie die Akkadier und Sumerer, war Lilith ein geflügelter Dämon. In einigen jüdischen Quellen ist sie die erste Frau der Welt, die sich später jedoch in eine blutsaugende Hexe verwandelt.

LUTZELFRAU

AUSSPRACHE: LU-zel-frau

KULTUR: Deutsch

Die Lutzelfrau, eine Hexe der deutschen Sagenwelt, bringt am 13. Dezember, dem Gedenktag der heiligen Lucia, artigen Kindern Geschenke.

Baba Jaga wird überlistet

Tief im Wald befand sich eine sehr ungewöhnliche Hütte, die auf zwei spindeldürren Hühnerbeinen stand. Sie gehörte der Hexe Baba Jaga.

Baba Jaga verfügte über besondere Kräfte und nichts gefiel ihr so sehr, wie in ihrem riesigen Mörser, den sie mit einem Stößel lenkte, zwischen den Bäumen hin und her zu fliegen. Da sie allein lebte und nur selten Besuch bekam, waren unzählige Gerüchte über sie im Umlauf.

Es hieß gar, sie würde Kinder zum Abendessen verspeisen.

Daher war Baba Jaga sehr überrascht, als sie eines Tages bei ihrer Heimkehr ein junges Mädchen mit einer Puppe vor ihrer Tür vorfand. „Wer bist du?“, brummte die Alte.

„Entschuldigt die Störung“, erwiderte das Mädchen. „Ich heiße Wassilissa. Meine Stiefmutter schickt mich, um Feuer von Euch zu holen.“

Baba Jaga kniff die Augen zusammen. „Du sollst Feuer haben, wenn du für mich arbeitest. Putz das Haus, wasch die Wäsche und bereite das Abendessen zu. Wenn du versagst, fresse ich dich.“

Wassilissa willigte ein. Und als Baba Jaga am Morgen darauf losflog, um das zu tun, was Hexen eben so tun, machte sich das Mädchen an die Arbeit. Bald jedoch stellte sich heraus, dass kein Mensch allein all diese Aufgaben bewältigen konnte. „Was soll ich bloß tun?“, fragte Wassilissa ihre Puppe verzagt, die ein Geschenk von ihrer leiblichen Mutter war.

„Weine nicht, Wassilissa. Koche das Abendessen und vertraue darauf, dass alles gut wird“, antwortete die Puppe.

Verdutzt starrte Wassilissa ihre Puppe an. Aber da ihr nichts anderes übrig blieb, tat sie, wie ihr geheißen. Als das Abendessen fertig war und sie sich umdrehte, sah sie zu ihrem Erstaunen, dass die Hütte blitzblank und die Wäsche zum Trocknen aufgehängt worden war.

Sie weinte vor Freude und drückte die Puppe an sich.

Schließlich kam Baba Jaga zurück und freute sich auf einen Kinderfestschmaus. Doch sie stellte fest, dass alle Aufgaben erledigt waren. „Scher dich weg“, schrie die Hexe wütend, weil sie überlistet worden war. „Hier hast du dein Feuer!“ Sie ergriff einen Schädel, in dem Flammen loderten, und warf ihn nach dem Mädchen. Flugs schnappte sich Wassilissa diesen und rannte mit ihrer Puppe davon.

Medeas Zauberkünste

Im alten Land Kolchis lebte eine Prinzessin namens Medea. Sie war nicht nur die Tochter von König Aietes, sondern auch eine unglaublich mächtige Zauberin.

Niemand in ganz Asien oder Europa war so bewandert in der Zubereitung von Zaubertränken wie Medea. Doch ihr Vater unterschätzte sie und sollte das sehr bereuen.

Eines Tages erblickten die Bewohner von Kolchis ein unbekanntes Schiff, das im Hafen anlegte. Vor ihren Augen gingen unzählige Seeleute von Bord. Allen vorweg schritt ein Mann in kunstvoll bestickter Kleidung. Der Fremde musste der Anführer der Mannschaft sein. Er bat den erstbesten Einheimischen, ihn zum Palast zu bringen, doch wie es das Schicksal wollte, war es der König persönlich, den er vor sich hatte. „Ich bin Aietes, der König dieses Landes“, sagte dieser mit tiefer Stimme.

„König Aietes“, erwiderte der Fremde. „Ich bin Iason, der Kapitän der Argo. Ich bin den ganzen Weg von Griechenland hergekommen, um Euch um das Goldene Vlies zu bitten.“

Aietes grinste höhnisch. Das Goldene Vlies, ein Widderfellmantel aus reinem Gold, war sein wertvollster Besitz, und Iason war nicht der erste Abenteurer, der danach verlangte.

„Kommt heute zum Abendessen und wir besprechen Euer Anliegen“, antwortete Aietes.

An jenem Abend versammelten sich Aietes und seine Familie, wie auch Medea, in der großen Halle, um mit ihrem Gast zu speisen. Die Prinzessin war sofort von Iason fasziniert. Sie ahnte ja nicht, dass der schalkhafte Liebesgott Eros ihr einen Streich spielen wollte. Unbemerkt spannte er seinen Bogen und zielte auf die Prinzessin.

Ohne Warnung ließ Eros einen Pfeil los und traf gekonnt Medeas Herz.

Doch Eros’ Pfeile waren keine gewöhnlichen Geschosse. Wurde man von ihnen getroffen, verliebte man sich auf der Stelle in sein Gegenüber. In Medeas Fall war das Iason. Sie unterhielt sich den ganzen Abend mit ihm, derweil Aietes einen Vorschlag unterbreitete. „Iason, ich überlasse Euch das Vlies, wenn Ihr meine Stiere anschirrt und Drachenzähne auf den Feldern vor dem Palast aussät.“

Das klang ziemlich einfach und so willigte Iason ein. Doch Medea erkannte sofort, welche List ihr Vater geplant hatte.

Als sich Iason in jener Nacht am Feuer ausruhte, stahl sich Medea aus ihren Gemächern und lief zu ihm.

Eros’ Pfeil traf Medea, sodass sie sich in Iason verliebte.

„Iason“, flüsterte die Prinzessin. „Sieh dich vor! Die Stiere spucken Feuer und wenn die Drachenzähne gesät sind, entspringen ihnen bewaffnete Krieger und greifen dich an.“

Iason erschauderte. „Danke für die Warnung, Medea, aber warum erzählst du mir das?“, fragte er.

„Weil ich dich liebe und mit dir fortgehen möchte. Deshalb helfe ich dir, die Aufgaben meines Vaters zu erfüllen“, entgegnete sie und gab ihm ein Fläschchen. „Ich habe den Trank selbst zubereitet. Träufle ihn auf Schild und Rüstung, dann kann ihnen das Feuer der Stiere nichts anhaben. Wenn sich die Krieger erheben, wirf einen Stein in ihre Mitte, dann gehen sie aufeinander, anstatt auf dich los.“

Auch Iason hatte sich in Medea verliebt. So versprach er, sie mit nach Griechenland zu nehmen und zu heiraten.

Am Tag darauf tat Iason, wie ihm geheißen. Geschützt durch Medeas Zaubertrank, konnte er die Stiere problemlos anschirren. Anschließend brachte er die Krieger dazu, einander zu töten und ihn zu verschonen, wie Medea es ihm erklärt hatte.

Aietes' Stiere spuckten Feuerschwaden, als sich Iason ihnen näherte.

Aietes war wütend, weil Iason die Aufgaben erfüllt hatte. Er war sich sicher, dass dieser eine List angewandt hatte, fand aber keine Erklärung. Seine Tochter zu verdächtigen, kam ihm nicht in den Sinn. Er wollte das Vlies unbedingt behalten. Verschmitzt sprach er zu Iason. „Ihr könnt das Vlies haben. Es wird von einem Drachen bewacht, der dort in einer Höhle haust." Er deutete auf die Berge von Kolchis.

Unterwegs war Iason vielen Ungeheuern begegnet, aber keinem Drachen.

Doch Medea wusste, was zu tun war. Gemeinsam gingen sie zur Höhle. Dort versetzte Medea den Drachen mit einem Zaubermittel in einen tiefen Schlaf. Da Iason nicht mehr fürchtete, von dem Untier verschlungen zu werden, schnappte er sich das Vlies, floh mit Medea zu seinem Schiff und brach mit ihr zu neuen Abenteuern auf.

SHTRIGË

AUSSPRACHE: SCHTRI-ge

KULTUR: Albanisch

Eine Shtrigë ist eine Hexe aus der albanischen Folklore, die wie ein Vampir Blut trinkt. Nachts fliegt sie in Gestalt von Insekten, wie Fliegen und Motten, umher.

LOUHI

AUSSPRACHE: LOU-hi

KULTUR: Finnisch

Louhi, eine Hexe aus der finnischen Mythologie, herrscht über das Land Pohjola. Sie kann verschiedene Gestalten annehmen und sich zum Beispiel in einen Adler verwandeln.

SADHBH

AUSSPRACHE: SAIF

KULTUR: Irisch

Sadhbh, eine irische Frau, wurde zwei Mal von einem gekränkten Druiden, den sie nicht heiraten wollte, in ein Reh verzaubert. In Menschengestalt verliebte sie sich in den Helden Fionn, mit dem sie einen Sohn namens Oisín hatte.

GESTALTWANDLERINNEN

Mythen und Sagen aus aller Welt erzählen von Frauen, die eine andere Gestalt annehmen können oder von anderen verzaubert werden. Manche von ihnen wirken auf den ersten Blick wie Menschen, hinter denen sich jedoch oft ein Tierwesen verbirgt.

SELKIE

AUSSPRACHE: SEL-ki

KULTUR: Schottisch

Selkies sind Geschöpfe aus der schottischen Mythologie, die im Meer leben. Im Wasser nehmen sie die Form von Robben an, doch an Land legen sie ihr Fell ab und werden zu Menschen.

BAI SUZHEN

AUSSPRACHE: BEI su-TSCHEN

KULTUR: Chinesisch

Bai Suzhen gehört der mythologischen Welt Chinas an. Sie begann ihr Leben als Schlange, doch im Laufe von Hunderten von Jahren lernte sie, sich in eine Frau zu verwandeln.

KU-CHIN-DA-GAYYA

AUSSPRACHE: KU-TSCHIN-DA-GA-ja

KULTUR: Haussa

Ku-Chin-Da-Gayya ist eine Gestaltwandlerin aus der Sagenwelt der Haussa in West- und Zentralafrika. Sie kann sich in verschiedene Tiere, wie Fliegen und Vögel, verwandeln.

KITSUNE

AUSSPRACHE: KIT-SU-NE

KULTUR: Japanisch

Kitsune sind magische Wesen aus der japanischen Mythologie, die wie Füchse aussehen, aber bis zu neun Schwänze haben. Sie können Menschengestalt annehmen und werden oft zu wunderschönen Frauen.

Legende von Bai Suzhen

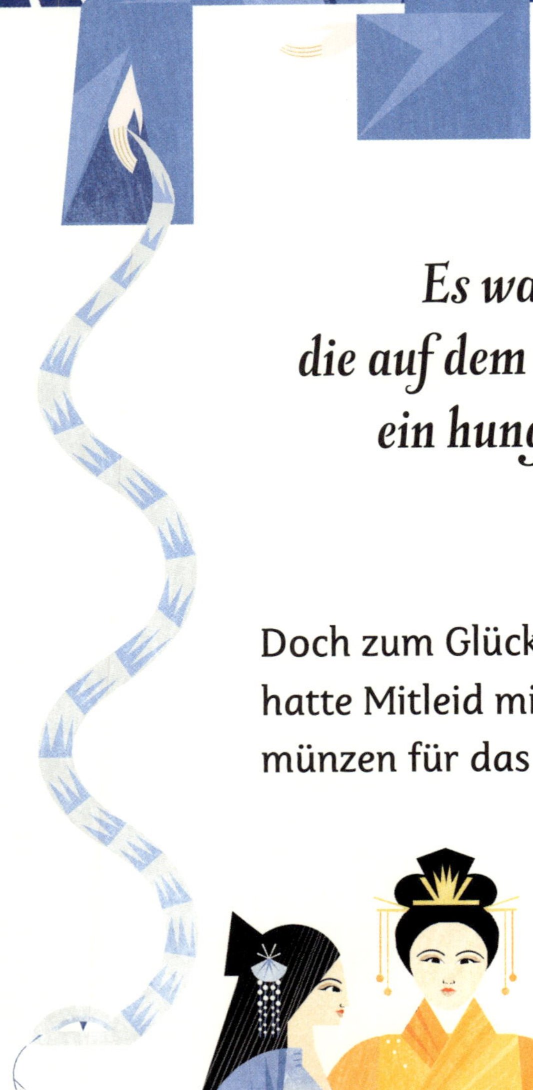

Es war einmal eine winzige, weiße Schlange, die auf dem Grund eines Sees lebte. Dort ging eines Tages ein hungriger Mann fischen und war hocherfreut, als er die Schlange fing.

Doch zum Glück der Schlange sah das ein anderer junger Mann und hatte Mitleid mit dem Geschöpf. Er bot dem Fischer hundert Kupfermünzen für das kleine Tier an und als der Handel vollzogen war, ließ er sie wieder frei.

Die Goldene Mutter erschien Bai Suzhen.

Eintausendsiebenhundert Jahre vergingen, und die Schlange übte jeden Tag, sich zu verwandeln.

Im Lauf der Zeit wuchs sie heran und entwickelte die Fähigkeit, verschiedene Gestalten anzunehmen – so auch die einer Frau. In dieser Form nannte sie sich Madame Bai. Als sie wieder einmal als Frau erschien, stattete ihr die Goldene Mutter, die Königin

der Götter, einen Besuch ab. „Der Mann, der dir das Leben gerettet hat, ist wiedergeboren worden. Er heißt Xu Xian. Du musst zu ihm gehen und dich für seine Freundlichkeit erkenntlich zeigen. Dann darfst du dich den Göttern anschließen“, erklärte ihr die Goldene Mutter.

Bai Suzhen machte sich auf den Weg. Nach ein paar Tagen fand sie Xu Xian in der Leifeng-Pagode. Als Xu Xian sie erblickte, erkannte er in ihr zwar nicht die Schlange aus seinem früheren Leben, doch er bot ihr an, sie auf seinem Boot mitzunehmen. Bai Suzhen willigte ein und während der Fahrt unterhielten sich die beiden angeregt.

Überrascht stellte Bai Suzhen fest, dass sie sich in den großzügigen und attraktiven Mann verliebte.

Wie sich nun herausstellte, erwiderte Xu Xian Bai Suzhens Gefühle, und die beiden beschlossen zu heiraten. Nach ein paar Jahren wurde Bai Suzhen schwanger und brachte bald darauf einen Jungen zur Welt. „Wie sollen wir ihn nennen?“, fragte Xu Xian.

„Als ich in den Wehen lag, träumte ich, dass mich ein mächtiger Drachen beschützt“, antwortete Bai Suzhen. „Also soll er Mengjiao heißen“, das bedeutet „Drachentraum“. Xu Xian war augenblicklich mit dem Namen einverstanden.

Nach der Geburt ihres Sohnes kam der Mönch Fahai zu Xu Xian. Fahai wusste, dass Bai Suzhen keine gewöhnliche Frau war, und wollte ihr Geheimnis ans Licht bringen. „Ihr habt einen Dämon geheiratet, und ich bin hier, um ihn zu fangen“, sagte Fahai zu Xu Xian, wobei er eine magische goldene Schüssel hochhielt.

Da betrat Bai Suzhen den Raum, um nach ihrem Mann zu schauen. Als die goldene Schüssel ihre Anwesenheit spürte, erhob sie sich in die Luft und landete auf Bai Suzhens Kopf. „Ach, wie schwer sie ist“, klagte Bai Suzhen. „Sie wiegt ja mehr als ein Gebirge.“

Unter dem Gewicht der goldenen Schüssel schrumpfte Bai Suzhen Stück für Stück.

Entsetzt sah Xu Xian, wie seine geliebte Frau verschwand, bis nur noch die goldene Schüssel übrig war, die scheppernd zu Boden fiel. Rasch hob er sie auf und entdeckte darunter eine winzige, weiße Schlange.

„Was habt Ihr mit meiner Frau gemacht?“, schrie er Fahai an.

Als Xu Xians Schwester Frau Li den Tumult hörte, eilte sie herbei und sah, was Bai Suzhen widerfahren war.

„Was habt Ihr mit ihr angestellt?“, rief sie.

„Verzweifelt nicht“, beruhigte der Mönch die Geschwister. „Bai Suzhen ist nie eine Frau gewesen. Ich kann es Euch beweisen.“

Fahai nahm die Schüssel und führte die beiden zum Ufer des Flusses bei der Leifeng-Pagode.

Dort stellte er das Gefäß ab, aus dem nun der Geist von Bai Suzhen emporstieg. „Mein lieber Mann, weine nicht, denn Fahai hat recht. Ich wurde zu dir geschickt, um meine Schuld zu begleichen, und nun muss ich das Land der Sterblichen verlassen“, sagte sie.

Dann wandte sich der Geist an seine Schwägerin. „Bitte sorge für meinen Sohn, als wäre es dein eigener. Eines Tages sind wir wieder vereint.“ Mit diesen Worten entschwand Bai Suzhen. Ihre Familie trauerte um den Verlust und bewahrte sie immer im Herzen.

Der Geist von Bai Suzhen stieg aus der goldenen Schüssel auf.

Die gefangene Selkie

Einst schwammen ein paar Selkies ans Ufer, um ein Sonnenbad zu nehmen. Im Meer sahen sie wie Robben aus, doch wenn sie an Land ihr Fell abstreiften, verwandelten sie sich in Menschen.

Unterdessen beobachtete ein neugieriger Mann hinter einem Felsen, wie sich die Selkies im Sand ausruhten. Er war der begehrteste Junggeselle auf den ganzen Orkney-Inseln und hatte bislang nicht heiraten wollen. Doch eine der Selkie-Frauen, die er nun vor sich sah, hatte es ihm angetan.

Er sprang hinter dem Felsen hervor und schreckte die Selkies auf, die sich ihr Robbenfell griffen und ins Meer zurückeilten.

Doch leider war die auserwählte Selkie-Frau nicht so schnell wie ihre Freundinnen und so hatte sich der Fremde ihr Fell geschnappt, bevor sie es erreichen konnte. Der Mann wusste,

dass die Selkie ohne ihr Fell nicht wieder ins Meer konnte. „Bitte, gib mir mein Fell zurück“, flehte sie.

„Wie wär’s, wenn du mich stattdessen heiratest?“, erwiderte der Mann.

So ging es eine Weile hin und her, bis die Selkie schließlich einwilligte. „Was bleibt mir auch anderes übrig?“, dachte sie bei sich.

Viele Jahre lang lebten sie als Mann und Frau und bekamen sieben Kinder. Eines Tages, als ihr Mann fischen war, kümmerte sich die Selkie um eine ihrer Töchter, die sich am Fuß verletzt hatte. Währenddessen ging sie in ihrem Haus umher und klagte, dass sie das, was sie sich am meisten wünsche, nicht finden könne.

„Was suchst du denn?“, wollte ihre Tochter wissen.

„Ein schönes Robbenfell, das dein Vater verlegt hat“, erwiderte die Mutter.

„Ich weiß, wo es ist“, lächelte das Mädchen. „Eines Nachts, als Vater dachte, dass ich schlafe, sah ich, wie er es über eurem Bett versteckte.“

Die Selkie konnte ihr Glück kaum fassen. Sie lief in ihr Schlafgemach und tatsächlich, dort war das Fell. Obwohl sie ihre Kinder von Herzen liebte, gehörte sie nicht in diese Welt. Sie rannte in Windeseile zum Strand, zog ihr Robbenfell über und kehrte für immer und ewig ins Meer zurück.

Der Jüngling schnappte sich das Fell der Selkie, bevor sie sich ins Wasser retten konnte.

Ku-Chin-Da-Gayya und die Ghul

Ku-Chin-Da-Gayya lebte bei ihrer Familie mit ihrer älteren Schwester. Die aber hatte jedem, der um ihre Hand anhielt, einen Korb gegeben, bis eines Tages zwei geheimnisvolle Fremde zu ihnen nach Hause kamen.

Die beiden waren zwei Ghul, schreckliche Fabelwesen, in Menschengestalt und ganz anders, als alle Männer, denen Ku-Chin-Da-Gayyas Schwester je begegnet war. Sie willigte ein, den älteren zum Mann zu nehmen, und bald wurden beide vermählt.

Vier Tage nach der Hochzeit war es Zeit für die Schwester, das Elternhaus zu verlassen.

Doch Ku-Chin-Da-Gayya konnte sich nicht vorstellen, ohne ihre Schwester zurückzubleiben. „Darf ich mitkommen?“, bettelte sie.

„Das geht nicht“, erwiderte ihre Schwester. „Ich weiß ja nicht einmal, wohin ich gehe.“

So leicht ließ sich Ku-Chin-Da-Gayya jedoch nicht abschütteln. Als die Frischvermählten und der jüngere Mann aufbrachen, verzauberte sie sich in eine Fliege und versteckte sich in den Sachen ihrer Schwester.

An jenem Abend, als die drei Reisenden ihr Lager aufschlugen, ahnten sie nichts von Ku-Chin-Da-Gayyas Anwesenheit. Nachdem sie sich eingerichtet hatten, lief der jüngere Mann zur Frau seines Freundes. „Dein Mann will, dass du uns Wasser bringst", befahl er. Mit diesen Worten stolzierte er zurück zu seinem Freund. Doch Ku-Chin-Da-Gayyas Schwester wusste nicht, wo sie in dieser Gegend Wasser auftreiben sollte, und brach in Tränen aus.

Als sie ihre Schwester schluchzen hörte,
verwandelte sich Ku-Chin-Da-Gayya zurück und ging zu ihr.

„Hinter dem Strauch dort findest du Wasser", erklärte sie ihrer Schwester.

„Was machst du denn hier?", fragte ihre ältere Schwester überrascht.

„Ich wollte dich nicht allein lassen", erwiderte Ku-Chin-Da-Gayya.

Dankbar holte ihre Schwester Wasser und brachte es den beiden Männern.

Doch am Abend darauf kam der Jüngere wieder zu ihr. „Dein Mann will, dass du uns Bohnen bringst", herrschte er sie an.

Die Schwester begann abermals zu weinen, denn es war Trockenzeit und es gab keine Bohnen weit und breit. Doch auch diesmal wusste Ku-Chin-Da-Gayya Rat. „Sammle die Früchte von dem Strauch, lege sie in eine Schüssel und bedecke sie. Dann gib die Schüssel deinem Mann", sagte sie.

Ihre Schwester tat, wie ihr geheißen, und als die Männer den Deckel abnahmen, kamen gekochte Bohnen zum Vorschein!

Schließlich erreichten die vier die Heimat der Ghul. Die Familie des älteren begrüßte sie aufgeregt. Sie freuten sich, dass er eine Menschenfrau gefunden und ihre Schwester mitgebracht hatte, denn Menschen schmeckten den Ghul besonders gut.

Am ersten Morgen in ihrem neuen Dorf schickte die Schwester Ku-Chin-Da-Gayya mit Essen zu ihrem Mann, der auf dem Feld arbeitete. Da sie den Fremden nicht traute, flog Ku-Chin-Da-Gayya zunächst in Erscheinung eines Vogels über die beiden hinweg.

Entsetzt sah sie die Männer in ihrer wahren Gestalt, wie sie am Boden hockten und Frösche verschlangen.

Ku-Chin-Da-Gayya erkannte sofort, wen ihre Schwester da geheiratet hatte. Zu allem Übel belauschte sie das Gespräch der beiden. Ihr wurde klar, dass die Ghul nichts anderes im Schilde führten, als ihr und ihrer Schwester den Garaus zu machen.

Ku-Chin-Da-Gayya tat, als wäre nichts gewesen, nahm wieder ihr Aussehen an und lief zu Fuß zu den Männern. Sie reichte ihnen das Essen und eilte ins Dorf zurück. „Schwester, dein Mann ist ein Ghul!“, flüsterte sie, sodass es keiner hören konnte.

„Oh nein“, heulte ihre Schwester. „Was sollen wir bloß tun?“

Aber Ku-Chin-Da-Gayya hatte einen Plan.

Als die Ghul in jener Nacht schliefen, nahm sie den Kopfschmuck und die Halskette ihrer Schwester und legte sie deren Mann an. Ein paar Stunden später kam seine Mutter.

Sie wollte die Frau ihres Sohnes töten und am Tag darauf vertilgen. Da es aber dunkel war, konnte sie sich bloß vorwärtstasten. Sie spürte die Perlen der Kette und den Stoff des Kopfschmucks und brachte so aus Versehen ihren Sohn um.

Als die Sonne aufging, erkannte die Ghulmutter ihren Irrtum und wurde rasend. Doch Ku-Chin-Da-Gayya nahm allen Mut zusammen. „Friss doch deinen Sohn, wenn du willst, aber uns bekommst du nicht“, höhnte sie. Und dann rannten die Schwestern heim, so schnell ihre Füße sie trugen.

STERBLICHE

Von den ersten Frauen auf Erden bis zu legendären Königinnen alter Reiche und von tapferen, kampferprobten Kriegerinnen bis zu faszinierenden Geschichtenerzählerinnen – Legenden über bemerkenswerte sterbliche Frauen sind seit Jahrhunderten in Umlauf. Obwohl sie keine magischen Kräfte besaßen, vollbrachten diese eindrucksvolle Taten, über die man sich seit Generationen berichtet.

EMBLA

AUSSPRACHE:
EM-bla

KULTUR:
Nordisch

In der nordischen Mythologie gilt Embla als die erste Frau auf Erden. Sie wurde von den Göttern aus einer Ulme erschaffen. Sie formte Ask, den ersten Mann, hingegen aus einer Esche.

DIE ERSTEN FRAUEN

In vielen Kulturen waren die ersten Menschen auf Erden lediglich ein Mann und eine Frau. Sie wurden von Gottheiten erschaffen, häufig aus Dingen der Natur.

HINEAHUONE

AUSSPRACHE:
HI-ne-a-HU-o-ne

KULTUR:
Maorisch

Im maorischen Volksglauben gilt Hineahuone als erste Frau. Ihr Name bedeutet „aus Erde geformt“. Tane-mahuta, der Gott des Waldes, schuf sie aus Lehm.

PANDORA

AUSSPRACHE: pan-DO-ra

KULTUR: Griechisch-antik

In der griechischen Mythologie riefen die Götter Pandora als erste Frau ins Leben und schickten sie mit einer Büchse auf die Erde. Diese enthielt alle Übel der Welt, um die Menschen zu bestrafen, weil der Titan Prometheus für sie das Feuer gestohlen hatte.

UNGNYEO

AUSSPRACHE: UNG-njo

KULTUR: Koreanisch

Ungnyeo, was auf Koreanisch „Bärenfrau" bedeutet, war eine Bärin, die in einer Höhle lebte. Von ihren Gebeten gerührt, verwandelte der Gott Hwanung sie in eine Frau.

EVA

AUSSPRACHE: E-fa

KULTUR: Christlich, islamisch und jüdisch

In vielen Religionen ist Eva die erste Frau. Im Christen- und Judentum entstand sie aus einer Rippe Adams, des ersten Mannes. Sie lebten im Paradies, dem Garten Eden, bis sie wegen ihres Ungehorsams daraus vertrieben wurden.

Das Geschenk der Pandora

Zeus, der altgriechische Göttervater, war wütend auf die Menschheit. Gegen seinen Willen hatte der Titan Prometheus das Feuer für sie gestohlen.

Zeus glaubte, dass die Sterblichen dadurch zu mächtig wurden. Daher beschloss er, Unheil in ihrem Leben zu stiften. Er wusste, dass er dabei geschickt vorgehen musste, um mit seiner List nicht zu scheitern.

Nachdem er seinen Plan geschmiedet hatte, rief er eines Abends die anderen Gottheiten des Olymp in seine Gemächer und bat sie um Hilfe. Zuerst wandte er sich an Hephaistos, den Gott der Schmiedekunst. „Erschaffe mir eine sterbliche Frau", sagte er.

Hephaistos wunderte sich über Zeus' Bitte, denn alle Menschen auf Erden waren Männer.

Dennoch stimmte er zu und machte sich an die Arbeit. Als sein Werk vollbracht war, wandte sich Zeus an seine Tochter Athene, die Göttin der Weisheit und des Kampfes, und befahl: „Tochter, kleide diese Frau in die feinste Seide und lehre sie die Kunst des Webens."
Athene tat, was ihr Vater von ihr verlangte.

Dann wies Zeus den Götterboten Hermes an, Neugier in das Herz der Frau zu säen. Als Hermes seinen Auftrag erfüllt hatte, trat Zeus vor und begutachtete ihre gemeinsame Schöpfung.

„Ich werde dich Pandora nennen, was ‚Allgeberin' bedeutet, und du sollst den Titan Epimetheus heiraten", verkündete Zeus.

Pandora lächelte und hatte keine Einwände. Sie folgte Zeus in das Heim ihres Ehemannes Epimetheus, des Bruders von Prometheus. Doch bevor Zeus sie verließ, gab er Pandora ein Gefäß. „Nimm dies als Hochzeitsgeschenk, Pandora", sprach Zeus zu ihr. „Aber wisse, dass du es niemals öffnen darfst."

Pandora runzelte die Stirn. Aber bevor sie nach dem Grund fragen konnte, war Zeus bereits verschwunden.

Eine Zeit lang lebten Pandora und Epimetheus zufrieden als Mann und Frau und rührten das Gefäß nicht an. Doch insgeheim beschäftigte Pandora das geheimnisvolle Geschenk. Jeden Tag wuchs ihre Neugier, was wohl der Inhalt war. Und genau das hatte Zeus beabsichtigt. Der Gott wusste, dass kein Mensch ewig der Versuchung widerstehen könnte, das Gefäß zu öffnen.

Schließlich kam der Tag, an dem Pandora es nicht mehr aushielt. Sie holte das Gefäß und nahm den Deckel ab. Mit einem Schlag erfüllten sich Zeus' Hoffnungen, denn aus der Büchse strömten alle Übel, die man sich vorstellen kann.

Krankheit, Dürre, Hungersnot und Krieg kamen in die Welt und brachten das Unheil auf die einst friedliche Erde.

Als Pandora sah, was in dem Gefäß gewesen war, wusste sie, dass Zeus ihnen einen bösen Streich gespielt hatte. Bevor noch mehr entweichen konnte, schlug sie den Deckel wieder zu und schloss damit das letzte ein, was Zeus in das Gefäß gelegt hatte – die Hoffnung.

Pandora legte rasch den Deckel wieder auf das Gefäß. So konnte die Hoffnung nicht entweichen.

Die geduldige Ungnyeo

Es waren einmal eine Bärin und ein Tiger, die gemeinsam in einer Höhle lebten. Jeden Tag beteten sie zu dem Gott Hwanung, damit er sie in Menschen verwandelte.

Hwanung war beeindruckt von der Hingabe der Bärin und des Tigers und erschien ihnen daher eines Tages in Menschengestalt. Die Tiere betrachteten ihn dabei, wie er zwanzig Knoblauchzehen und einen Beifußzweig hervorholte. „Esst das und haltet euch hundert Tage lang vom Sonnenlicht fern“, sprach Hwanung zu ihnen. „Wenn ihr das schafft, werdet ihr zu Menschen.“

Hwanung gab der Bärin und dem Tiger Knoblauch und Beifuß.

Die Bärin und der Tiger taten, was der Gott ihnen aufgetragen hatte. Sie aßen die Speisen und gaben sich große Mühe, das Sonnenlicht zu meiden. Doch am einundzwanzigsten Tag hielt es der Tiger nicht mehr aus und trottete aus der Höhle.

Die Bärin hingegen war geduldiger und wurde zur Belohnung in eine Frau namens Ungnyeo verwandelt.

Obwohl sie sich über das Menschsein freute, war Ungnyeo einsam. Sie sehnte sich nach einem Kind und einer eigenen Familie. Eines Tages setzte sie sich unter einen heiligen Baum, betete wieder zu Hwanung und hoffte, er würde sich an sie erinnern.

Hwanung hatte Ungnyeo tatsächlich nicht vergessen und sein Herz war gerührt von ihren Gebeten. Ihre Entschlossenheit imponierte ihm so sehr, dass er ihr persönlich anbot, sie zu heiraten. So wurden die beiden vermählt und bekamen einen Sohn. Er hieß Dangun Wanggeom und sollte eines Tages das erste Königreich in Korea gründen.

Ungnyeo wurde eine Frau und heiratete den Gott Hwanung.

KÖNIGINNEN

Über einige der ersten Städte und Zivilisationen sollen legendäre Königinnen geherrscht haben. Egal, ob sie allein oder an der Seite eines Königs regierten, waren sie äußerst mächtig.

ISOLDE

AUSSPRACHE:
i-SOL-de

KULTUR: Irisch

Prinzessin Isolde war die sagenumwobene Tochter des Königs und der Königin von Irland. Sie wurde selbst Königin, als sie König Marke von Cornwall heiratete. Doch ihr Herz gehörte einzig und allein dem Drachentöter Tristan.

DRAUPADI

AUSSPRACHE:
DRO-pa-di

KULTUR: Hinduistisch

Durch ihre Heirat mit König Arjuna wurde Draupadi die berühmte Königin der altindischen Stadt Indraprastha. Jedoch war Arjuna nicht ihr einziger Ehemann, denn sie war auch mit seinen vier Brüdern vermählt.

SIGRID

AUSSPRACHE:
SI-grid

KULTUR: Nordisch

In der nordischen Mythologie hielten viele Könige um die Hand von Sigrid der Stolzen an, die für ihre Klugheit bekannt war. Sie jedoch entschied sich für den schwedischen König Erik den Siegreichen.

ALKESTIS

AUSSPRACHE:
AL-kes-tis

KULTUR: Griechisch-antik

In der griechischen Mythologie war Alkestis die Königin der Stadt Pherai. Sie opferte sich für ihren Mann Admetos, doch durfte sie aufgrund ihrer Treue aus der Unterwelt zurückkehren.

DIDO

AUSSPRACHE: DI-do

KULTUR: Römisch-antik

In der römischen Mythologie gründete Dido die Stadt Karthago in Nordafrika. Sie bat einen König um so viel Land, wie eine Kuhhaut umspannen könne, schnitt die Haut allerdings in dünne Streifen, legte diese aneinander und nannte so eine riesige Fläche ihr Eigen.

KÖNIGIN VON SABA

AUSSPRACHE:
SA-ba

KULTUR:
Christlich, islamisch und jüdisch

Die Königin von Saba ist die mythische Herrscherin des antiken Reiches Saba. Es heißt, sie habe König Salomo von Israel viele kostbare Geschenke gemacht.

Alkestis’ Opfer

Alkestis war die Königin von Pherai und herrschte gemeinsam mit ihrem Ehemann, König Admetos, über die Stadt.

Die beiden waren seit vielen Jahren verheiratet, als Admetos schwer erkrankte. Bald war allen bewusst, die ihn sahen, dass er nur noch wenige Tage zu leben hatte. Es gab jedoch eine Möglichkeit, ihn zu retten. Der Gott Apollon hatte dem König einst zugestanden, dem Tod entrinnen zu können, wenn auch zu einem hohen Preis.

Wenn jemand an Admetos’ Stelle starb, durfte der König weiterleben.

Doch niemand wollte sich für Admetos opfern. Nicht einmal diejenigen, für die er in der Vergangenheit sein Leben riskiert hatte, ja nicht einmal seine Eltern. Jeder schreckte davor zurück, außer eine – seine Frau Alkestis.

Alkestis und Admetos liebten einander sehr, und die Königin konnte sich nicht vorstellen, ohne ihren Mann zu leben. Admetos flehte seine Frau an, nicht für ihn in den Tod zu gehen, doch sie ließ sich nicht davon abbringen. „Unser Volk braucht dich“,

Persephone war gerührt von Alkestis' Liebe zu ihrem Mann.

„Und eines Tages werde ich dich wiedersehen“, war sie überzeugt.

Bevor sie jemand aufhalten konnte, bat Alkestis die Götter, sie an Admetos' Stelle mitzunehmen. Und so geschah es, wie Apollon versprochen hatte. Die Königin reiste in die tiefsten Tiefen der Unterwelt.

Dort begegnete sie Persephone, der Herrscherin der Unterwelt.

Persephone hatte das Gespräch zwischen Alkestis und Admetos belauscht, und die Vorstellung, dass die beiden Liebenden getrennt waren, machte sie traurig. Die Göttin war so gerührt von Alkestis' Opfer, dass sie zu ihr sprach: „Alkestis, kehre auf die Erde zu deinem Mann zurück. Wir erkennen dein Opfer an. Admetos, aber auch du, ihr sollt beide leben, bis ihr alt und grau seid.“

So herrschten Alkestis und Admetos vereint über Pherai bis ans Ende ihrer Tage.

Draupadis fünf Ehemänner

Draupadi war die Tochter von König Drupada und kam nicht auf üblichem Weg zur Welt. Der König hoffte auf einen starken Sohn zur Unterstützung gegen seine Feinde. So entzündete er ein Opferfeuer, dessen Flammen Draupadi entsprang.

Als Draupadi im heiratsfähigen Alter war, ließ ihr Vater einen Wettkampf ausrichten. Um die Hand der Prinzessin zu gewinnen, mussten die Bewerber einen Pfeil durch das Auge eines goldenen Fisches schießen. Dabei sahen sie jedoch nur die Spiegelung des Tieres in einem Wasserbecken.

Ein Schütze nach dem anderen versuchte sich erfolglos daran, bis schließlich ein Mann namens Arjuna an die Reihe kam. Er war einer der fünf Pandava-Brüder, neben Yudhishthira, Bhima, Nakula und Sahadeva.

Arjuna spannte den Bogen, musterte das Becken, schoss den Pfeil los und traf genau in die Mitte des Fischauges.

Ein Mann für Draupadi war gefunden! Doch die glücklosen Bewerber waren eifersüchtig und rückten Arjuna und Draupadi zu Leibe. Nur mithilfe der vier Brüder Arjunas konnten die Angreifer zurückgedrängt werden und gemeinsam gelang ihnen die Flucht.

Als sie zu Hause ankamen, rief Arjuna: „Mutter, rate mal, was ich heute bekommen habe." „Was es auch ist, teile es mit deinen Brüdern, wie ich es dich gelehrt habe", rief seine Mutter zurück und ahnte nicht, dass Arjuna seine zukünftige Frau meinte. Seine Brüder waren unsicher ob des richtigen Verhaltens, denn sie gehorchten ihrer Mutter gewöhnlich stets aufs Wort.

Doch Draupadi lächelte nur. „Ihr seid tapfere Krieger und ich heirate euch gern alle zusammen“, sagte sie. Und so kam es, dass Draupadi bald fünf Ehemänner statt einen hatte.

Das Leben mit fünf Ehemännern verlief nicht immer reibungslos. Einmal saß einer von ihnen, Yudhishthira, mit Prinz Duryodhana beim Würfelspiel. Yudhishthira war dabei, haushoch zu verlieren. Er hatte bereits sein Königreich verwettet und bot sich nun selbst als Pfand an. Duryodhana gewann auch diese Runde, woraufhin Yudhishthira die Hände hob als Zeichen, dass er nichts mehr hatte, was er noch einsetzen konnte. „Wie wär's mit Eurer Frau?“, meinte Duryodhana.

Verzweifelt und leichtsinnig nahm Yudhishthira Duryodhanas Vorschlag an. Zu seiner Bestürzung hatte er jedoch auch dieses Mal Pech und die Würfel fielen zu Duryodhanas Gunsten.

Als Draupadi erfuhr, dass einer ihrer Ehemänner sie beim Würfeln verloren hatte, geriet sie außer sich.

Dennoch musste sie Duryodhanas Bruder Dushasana zum Hof des Siegers folgen. „Wie könnt Ihr glauben, mich einfach so beim Würfelspiel gewinnen zu können?“, fauchte Draupadi, sobald sie den Palast betrat. „Welches Recht hatte Yudhishthira, mich als Pfand einzusetzen? Er hatte sich ja bereits selbst an Euch verwettet. Außerdem bin ich von königlicher Geburt.“

Dushasana zog an Draupadis Sari, doch sobald sie sich drehte, wurde der Stoff länger.

Vikarna, ein anderer von Duryodhanas Brüdern, hatte Mitgefühl mit Draupadi und wandte sich an den Hofstaat. „Ist Draupadi Eurer Meinung nach im Recht?“, fragte er. Die Antwort kam prompt: Ja, Draupadi war im Recht! Niemand durfte eine Frau verspielen – nicht ihr Ehemann, nicht ihr Vater, nicht einmal ihre Götter.

Das ärgerte Duryodhana und er wies seinen Bruder Dushasana an, Draupadi zu entkleiden, um sie zu erniedrigen. Als Dushasana nach dem Sari greifen wollte, den sie trug, bat Draupadi den Gott Krishna um Schutz.

Wie sehr Dushasana auch an ihrem Gewand zerrte und zog, der Stoff wurde immer länger. Bald ließ der Mann vor Erschöpfung ab.

In jenem Moment kamen Duryodhanas Eltern plötzlich hinzu. Der König und die Königin waren fassungslos über das Verhalten ihrer Söhne. „Lasst die Frau sofort los!“, befahl die Königin.

„Wie können wir das wieder gutmachen, Draupadi?“, wollte der König wissen.

„Ich bitte Euch nur, meinen Mann und mich freizulassen“, antwortete Draupadi. Der Wunsch wurde ihr gewährt. Und so rettete sie sich und Yudhishthira aus den Klauen Duryodhanas.

Isolde und der Drachentöter

Es war einmal eine junge Prinzessin namens Isolde, die lebte in Irland. Ihre Schönheit war in aller Munde und so kam es, dass König Marke von Cornwall sie zur Frau begehrte.

Der König war zu beschäftigt, um Isolde persönlich um ihre Hand zu bitten. So schickte er den Ritter Tristan, dem er mehr als allen anderen vertraute. Tristan stach in See und erreichte bald schon die irische Küste, doch bevor er Isolde aufsuchen konnte, musste er eine gefährliche Aufgabe meistern.

Tristan erfuhr, dass ein Drache die Menschen in der Umgebung in Angst und Schrecken versetzte.

Mutiger als die meisten anderen Ritter beschloss er, das schreckliche Ungeheuer zu töten. Er nahm Schwert und Schild und stieg in die Höhle

des Drachen, doch obwohl es ihm gelang, der Bestie den Garaus zu machen, wurde er dabei schwer verletzt und sank bewusstlos zu Boden.

Ein anderer hatte das Geschehen verfolgt und witterte seine Chance. Er schlug dem Drachen den Kopf ab und trug ihn zum König, ohne sich um Tristan zu kümmern. „Ich habe den Drachen bezwungen, der in Eurem Land wütete“, verkündete er. „Gebt Ihr mir dafür Eure Tochter Isolde zur Frau?“

Der König willigte sofort ein, aber Isolde war misstrauisch. Sie wusste, dass der Mann ein Feigling war. Tags darauf ritt sie mit zwei Freunden zu dem Ort, wo der Drache sein Ende gefunden hatte.

Dort sah sie Tristans reglosen Körper und erkannte, dass dieser Mann sie alle gerettet haben musste.

Sie beugte sich über den Helden und stellte erleichtert fest, dass er noch atmete. Schnell ließ sie ihn zurück ins Schloss zu ihrer Mutter bringen. „Das ist der Mann, der den Drachen getötet hat“, erklärte sie. „Kannst du ihm helfen?“ Die Königin verstand sich auf die Heilkunst und machte sich daran, den Jüngling zu pflegen. Nach ein paar Tagen erwachte Tristan und staunte, dass er noch am Leben und vor allem bei Isolde war.

Die geschickte Königin heilte Tristan.

Isolde fragte ihn, wer er sei, und Tristan erklärte ihr, was ihn nach Irland geführt hatte. Als der König das erfuhr, wurde er zwar zornig auf den falschen Drachentöter, mit der Verlobung von Isolde und König Marke aber war er nur allzu einverstanden.

Ein Tag wurde bestimmt, an dem Isolde ihr Elternhaus verlassen sollte. Doch zuvor braute ihre Mutter einen besonderen Trank.

Durch ihn sollte sich das Brautpaar ineinander verlieben. Die Königin gab diesen Liebestrank Brangäne, die Isolde nach Cornwall begleitete, und trug ihr auf, ihn nach der Hochzeit in das Getränk des Paares zu mischen.

So segelten sie los, doch während der Überfahrt fand Tristan den Trank in Brangänes Versteck. Da er ihn für gewöhnlichen Wein hielt, teilte er ihn mit Isolde, und die beiden verliebten sich augenblicklich.

Tristan und Isolde verbrachten jede freie Minute auf der Reise zusammen, doch als sie in Cornwall ankamen, blieb Isolde nichts anderes übrig, als König Marke zu heiraten. An Tristans und Isoldes Gefühlen füreinander änderte sich jedoch nichts.

Jede Nacht trafen sich die beiden im Garten, jedoch blieben ihre heimlichen Treffen nicht unbemerkt.

König Marke rief die zwei zu sich und befragte sie zu ihren Gefühlen. Doch obwohl beide ihre Liebe bestritten, glaubte er ihnen nicht und Tristan wurde aus dem Reich verbannt. Er durfte Isolde nie wiedersehen.

Viele Jahre lang verloren sich Tristan und Isolde aus den Augen.

Eines Tages jedoch wurde Tristan schwer verwundet. Kein Arzt und keine Arznei vermochten ihm zu helfen. Da sandte Tristan einen Boten an König Markes Hof und ließ Isolde, die er nie vergessen hatte, bitten, seine Todesnot zu lindern.

Als der Bote Isolde die Bitte überbrachte, machte sie sich sofort auf den Weg, denn auch sie liebte Tristan noch immer – jedoch kam sie zu spät. Mit gebrochenem Herzen starb Isolde verzweifelt in den Armen des verstorbenen Tristan. Das Paar wurde Seite an Seite begraben und aus ihren Gräbern wuchsen zwei verschlungene Bäume als Zeichen ihrer ewigen Liebe.

Ein großer Baum wuchs aus den Gräbern von Tristan und Isolde.

In aller Welt erzählt man sich Geschichten über legendäre Kriegerinnen, die mutig das Schwert schwangen und waghalsige Schlachten schlugen. Viele dieser Frauen verfügten über unübertroffene Fähigkeiten.

KRIEGERINNEN

BRYNHILDUR

AUSSPRACHE: BRÜN-HIL-dur

KULTUR: Nordisch

Brynhildur ist eine der Walküren in der nordischen Mythologie. Dabei handelt es sich um Geistwesen, die dem Gott Odin und der Göttin Freyja dienten. Sie geleiteten die im Kampf Gefallenen ins Jenseits.

URDUJA

AUSSPRACHE: UR-du-dscha

KULTUR: Philippinisch

Urduja gilt als eine sagenumwobene philippinische Kriegerprinzessin, die über das Land Kaylukari herrschte. Sie führte ihre eigene Armee an und wollte nur einen Mann heiraten, der sie im Duell besiegen konnte.

ATALANTE

AUSSPRACHE:
a-ta-LAN-te

KULTUR: Griechisch-antik

Die griechische Mythologie erzählt von Atalante, einer Jägerin, Läuferin und Ringerin. Sie wurde als Neugeborenes im Wald ausgesetzt, aber von einer Bärin gerettet und wuchs zur besten Bogenschützin des Landes heran.

SCÁTHACH

AUSSPRACHE:
SKA-hach

KULTUR: Irisch

Scáthach, eine erfahrene Kämpferin in der irischen Mythologie, lebte auf der Isle of Skye in Schottland. Sie bildete viele große Krieger aus, wie den Helden Cú Chulainn und konnte zudem die Zukunft vorhersagen.

MULAN

AUSSPRACHE: mu-LAN

KULTUR: Chinesisch

In der chinesischen Sagenwelt ist Mulan eine Frau, die als Mann verkleidet der Armee des Kaisers beitrat, damit ihr Vater nicht kämpfen musste. Sie wurde eine berühmte Kriegerin.

Mulans Geheimnis

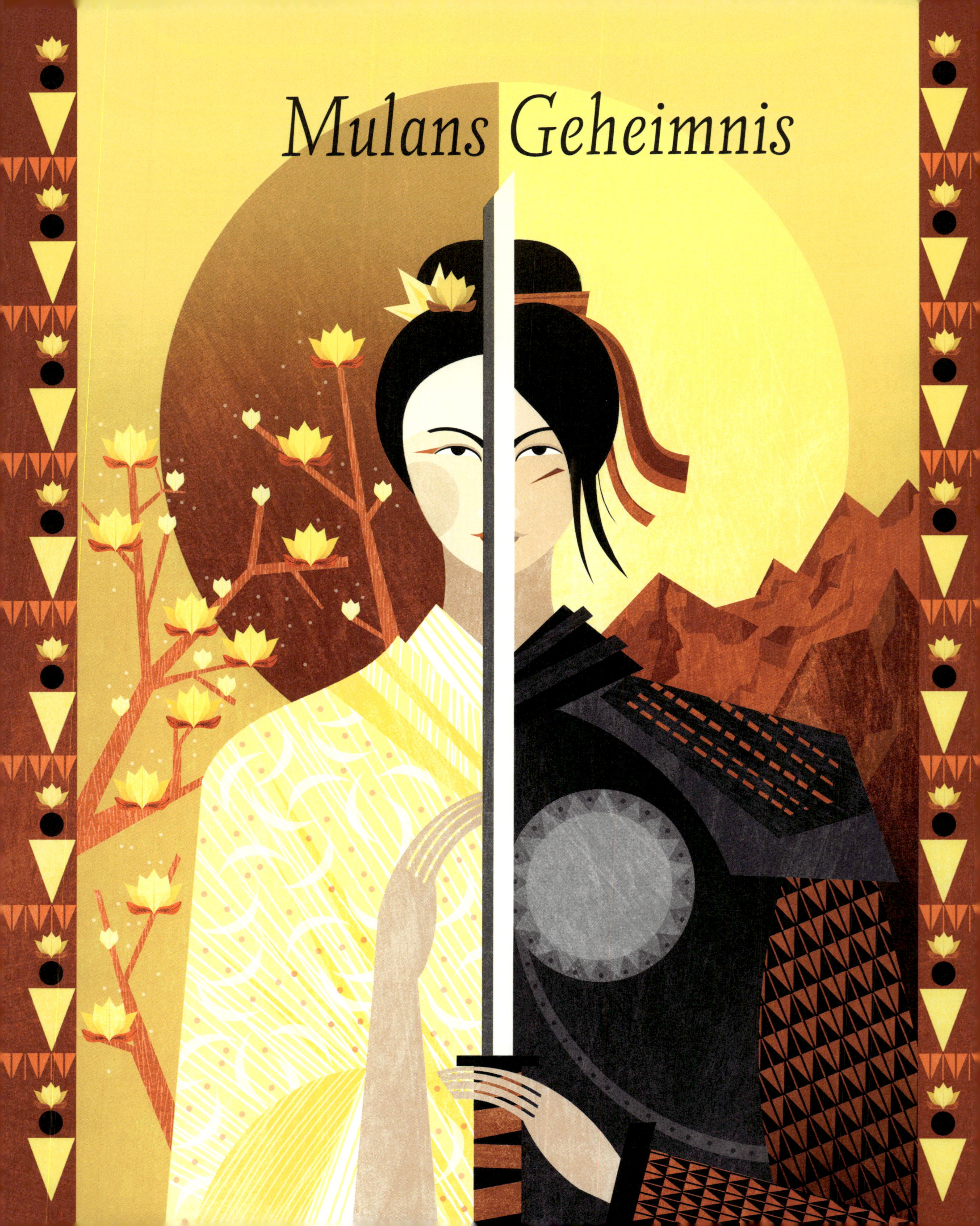

Vor langer Zeit lebte in China eine junge Frau. Sie hieß Mulan und war das älteste von drei Kindern. Ihre Eltern hätten sich keine fürsorglichere Tochter wünschen können.

Mulan liebte ihre Familie von ganzem Herzen. Daher bekam sie Angst, als es hieß, der Kaiser stelle ein Heer auf, das gegen einen gefährlichen Feind kämpfen solle. Als Mulan die Liste der Soldaten las, die einberufen werden sollten, entdeckte sie darauf zu ihrem Entsetzen den Namen ihres Vaters. „Mein Vater ist kein junger Mann mehr. Er ist gebrechlich und wird gewiss in der Schlacht den Tod finden“, weinte sie. „Ich habe jedoch keinen Bruder, der alt genug ist, um seinen Platz einzunehmen.“

Doch der Gedanke an einen älteren Bruder brachte Mulan auf eine Idee.

Eilig verließ sie ihr Haus und lief zum Ostmarkt, wo sie ein Pferd kaufte. Anschließend machte sie sich auf den Weg zum Westmarkt, wo sie einen Sattel erstand. Als Nächstes besorgte sie sich Zaumzeug auf dem Südmarkt, bevor sie auf dem Nordmarkt schließlich eine Peitsche erwarb. Nachdem sie ihr Pferd vollständig ausgerüstet hatte, tauschte Mulan ihre Kleidung gegen eine Rüstung und brach auf.

Mulans Ziel war es, an ihres Vaters statt in den Kampf zu ziehen. Dafür musste sie sich lediglich als Mann ausgeben.

Mulan reiste viele Tage lang über den Fluss und durch die Berge, bis sie auf die Armee traf. Sie mischte sich unter die Soldaten, machte den Kommandanten ausfindig und reihte sich in die Truppe ein.

Zehn Jahre kämpfte Mulan unerschrocken an der Seite der anderen Krieger.

Sie wurde so stark wie die stärksten, so schnell wie die schnellsten und so geschickt wie die geschicktesten unter ihnen und niemand schöpfte Verdacht, dass sie nicht der war, für den sie sich ausgab.

Schließlich kam der Tag, an dem der Krieg gewonnen war und Mulan mit den anderen Soldaten zum Palast des Kaisers berufen wurde. Er war ihnen außerordentlich dankbar für ihre Dienste und wollte sich auf jede erdenkliche Weise erkenntlich zeigen.

„Dein großer Mut ist mir überall zu Ohren gekommen, junger Mann, und ich biete dir eine Stelle an meinem Hof an“, sprach er.

„Ich fühle mich sehr geehrt, aber ich möchte bloß zu meiner Familie zurück“, erwiderte Mulan. Der Kaiser nickte.

„Aber etwas kann ich dir für deinen Einsatz doch anbieten?“, fragte er.

„Ich bitte Euch nur um ein Pferd, das tausend Meilen laufen kann und mich schnell und sicher heimbringt“, sagte sie.

Mulan eilte nach zehn Jahren wieder in die Arme ihrer Eltern.

Am selben Abend ließ der Kaiser eines seiner besten Pferde zu Mulan bringen und so machte sie sich auf die Reise, zurück durch die Berge und über den Fluss. Als sie zu Hause anlangte, waren ihre Eltern die ersten, die sie herangaloppieren sahen. „Mutter, Vater. Ich bin's, Mulan!“, rief sie und sprang vom Pferd.

„Das kann nicht sein“, stieß ihre Mutter hervor, aber als der vermeintliche junge Soldat näherkam, erkannte sie das Gesicht ihrer Tochter. Sie schlossen sich fest in die Arme, bevor sie Mulan hineinführten, damit sie ihnen alles über ihre Zeit in der Armee erzählen konnte.

Am Tag darauf verließ Mulan das Haus in den Kleidern, die sie einst trug.

Als sie durch die Stadt schlenderte, entdeckte sie ein paar der anderen Soldaten, die kurz nach ihr zurückgekehrt waren. Sie lief zu ihnen, doch sie wussten nicht, wen sie da vor sich hatten. „Ich bin's doch, Mulan“, lachte sie.

„Tatsächlich“, rief einer. „Aber Mulan, du bist ja eine Frau, und doch hast du so tapfer mit uns gekämpft.“

Mulan lachte wieder. „Es scheint, als wären Männer und Frauen gar nicht so unterschiedlich, wenn sie Seite an Seite eine Schlacht schlagen.“

Brynhildurs wahre Liebe

Brynhildur war eine Walküre, die unerschrocken den Göttern diente. Sie kämpfte munter gegen jeden Feind, bis sie eines Tages aus Versehen den Göttervater Odin verärgerte.

Im Kampf stand Brynhildur nämlich einem Mann namens Agnar bei, der nach Odins Willen hätte bezwungen werden sollen. Weil sie den Kämpfer jedoch gerettet hatte, belegte Odin Brynhildur mit einem Fluch. „Nie wieder wirst du eine Schlacht gewinnen! Stattdessen musst du heiraten", verkündete er.

„Ich heirate nur einen furchtlosen Mann", erwiderte Brynhildur trotzig, bevor Odin sie in einen Zauberschlaf fallen ließ. Dann legte er ihren Körper in einen Turm, und während er das tat, loderten Feuer um das Bauwerk auf.

Lange Zeit lag Brynhildur in ewigem Schlaf, bis der Held Sigurd in ihren Turm eindrang.

„Wach auf", sprach Sigurd, als er Brynhildur entdeckte.

„Wer bist du?", fragte diese argwöhnisch, als sie die Augen aufschlug. Die beiden redeten stundenlang und Sigurd war beeindruckt von Brynhildurs Klugheit. Schließlich bat er sie um ihre Hand und sie willigte ein.

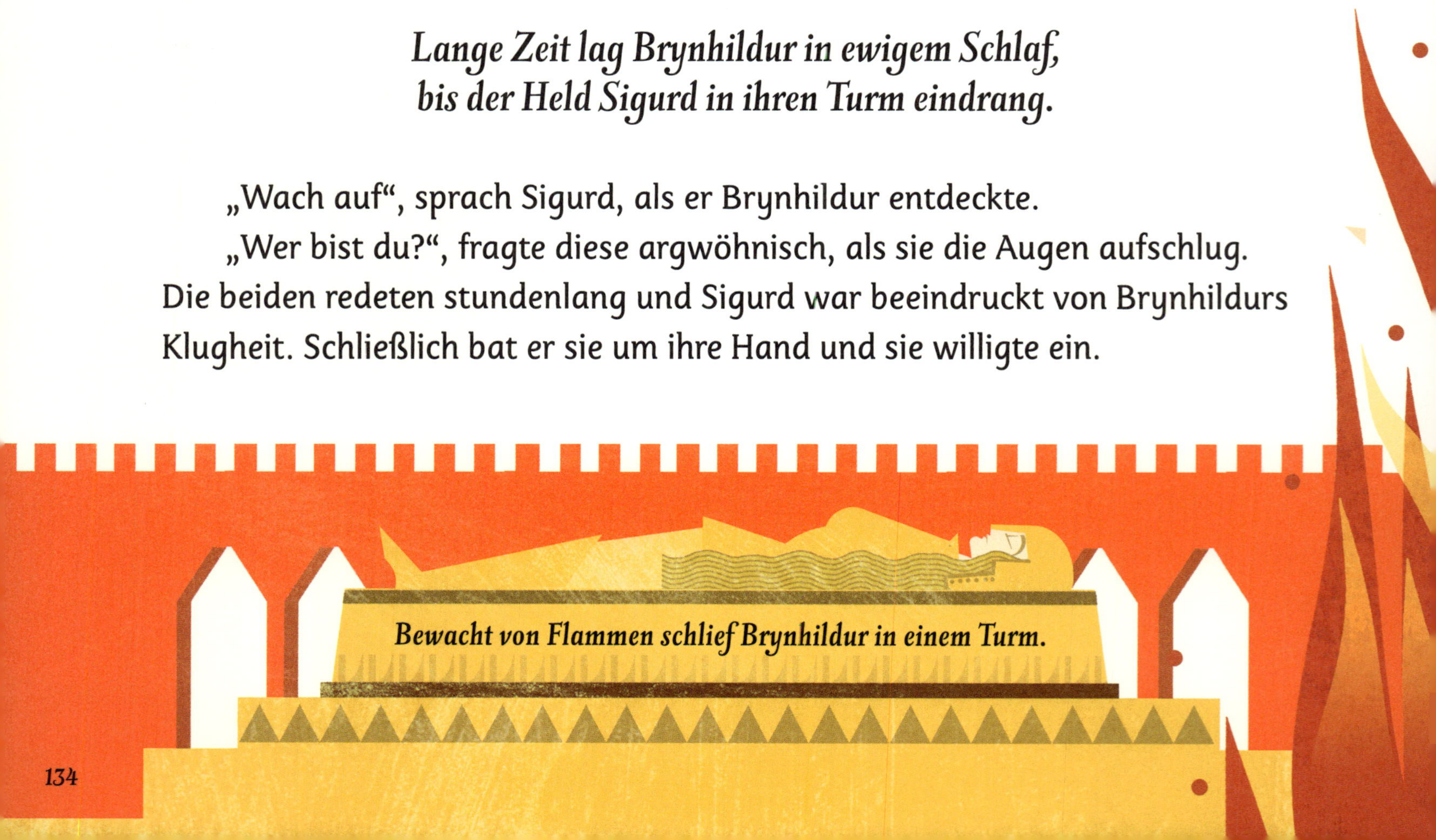

Bewacht von Flammen schlief Brynhildur in einem Turm.

Vor ihrer Hochzeit musste Sigurd an den Hof von Königin Grimhild reisen, doch er versprach Brynhildur, zu ihr zurückzukommen. Grimhild aber war eine Zauberin, die den Plan verfolgte, dass Sigurd ihre Tochter Gudrun zur Frau nehmen sollte. So verabreichte Grimhild Sigurd einen Zaubertrank, der ihn seine Liebe zu Brynhildur vergessen und in die Ehe mit Gudrun einwilligen ließ.

Grimhilds Sohn Gunnar hatte unterdessen von Brynhildurs Fähigkeiten gehört und wollte sich mit ihr vermählen, doch nur Sigurd konnte die Flammenwand um ihren Turm durchdringen. Zu Gunnars Glück wollte Sigurd ihm helfen.

Durch einen Zaubertrick verwandelte sich Sigurd in Gunnar und kehrte durch das Feuer zu Brynhildur zurück.

Der falsche Gunnar erklärte Brynhildur, dass Sigurd sie nicht mehr liebe und sie ihn stattdessen zum Mann nehmen solle. Brynhildur war traurig, stimmte aber zu. So heirateten die beiden und verließen gemeinsam den Turm.

Als Brynhildur und der wahre Gunnar getraut waren, verriet ihr Gudrun, dass Sigurd sie getäuscht hatte. Brynhildur war außer sich. „Ich werde nie wirklich deine Frau sein, bis Sigurd tot ist“, schrie sie Gunnar an.

Da dieser Brynhildur nicht verlieren wollte, überfiel und tötete er Sigurd. Doch als Brynhildur die schreckliche Kunde von dessen Tod erhielt, überwältigten sie Kummer und Reue. Zu Gunnars Schrecken stieß sie sich nach dem Verlust ihrer wahren Liebe selbst ein Schwert in die Brust.

SALOME

AUSSPRACHE: SA-lo-me

KULTUR: Christlich

Im Neuen Testament der Bibel taucht Salome als Stieftochter von König Herodes Antipas auf. Er versprach, ihr jeden Wunsch zu erfüllen, weil sie zu seinem Geburtstag so schön getanzt hatte.

SIM CHEONG

AUSSPRACHE: SIM TSCHONG

KULTUR: Koreanisch

In einer koreanischen Sage kümmerte sich Sim Cheong um ihren blinden Vater. Damit er sein Augenlicht wiederbekam, opferte sie sich und sprang ins Meer, wo sie der Meeresgott rettete.

ANDERE SAGENUMWOBENE FRAUEN

Nicht nur Königinnen und Kriegerinnen hinterließen Spuren in der Welt der Sagen. Einige legendäre Frauen sind aufgrund ihrer außergewöhnlichen Fähigkeiten in Erinnerung geblieben: Sie tanzten, webten, waren heilkundig oder überzeugten durch das Erzählen von Geschichten.

SCHEHERAZADE

AUSSPRACHE:
sche-he-ra-SA-de

KULTUR: Persisch

In der Märchensammlung *Tausendundeine Nacht* taucht Scheherazade als Geschichtenerzählerin auf. Bis zur Hochzeit mit ihr heiratete der König jeden Tag eine andere Frau und ließ sie am Morgen darauf töten. Um diesem Schicksal zu entgehen, erzählte Scheherazade ihm jede Nacht eine neue Geschichte.

ARACHNE

AUSSPRACHE:
a-RACH-ne

KULTUR: Griechisch-antik

Die griechische Mythologie erzählt von der Weberin Arachne. Sie forderte Athene, die Göttin der Handarbeit, heraus und wurde, nachdem beide einen Teppich gewebt hatten, von ihr in eine Spinne verwandelt.

ELAINE VON ASTOLAT

AUSSPRACHE:
i-LEJN von AS-to-la

KULTUR:
Britisch

Die Artussage berichtet von Elaine von Astolat, einer Edelfrau, die sich in den Ritter Lanzelot verliebte. Sie heilte seine Wunden und starb an gebrochenem Herzen, als er ihr die Hochzeit versagte.

Scheherazades Geschichten

Vor langer Zeit lebte eine junge Frau namens Scheherazade. Sie war die Tochter des Wesirs von Sultan Schahriar und liebte nichts so sehr, wie ein gutes Buch.

Scheherazade las alles, was sie in die Finger bekam – Geschichtsbücher, Märchensammlungen und Erzählungen über einstige Herrscher und Helden. Keiner, der sie traf, zweifelte daran, dass sie mehr Geschichten kannte als alle anderen.

Der Sultan des Reiches aber war ein garstiger Mann. Seine Gemahlin hatte ihn verlassen und so beschloss er, jeden Tag eine neue Frau zu heiraten, die er am Morgen darauf töten ließ.

Sein Volk fürchtete ihn mehr, als dass es ihn liebte, aber niemand wusste, wie man seine Gewaltherrschaft beenden konnte.

Schließlich trat Scheherazade an ihren Vater heran. „Biete mich dem Sultan als Gemahlin an“, sagte sie, denn sie ertrug es nicht länger, dass so viele Frauen geopfert wurden.

Der Wesir flehte sie an, davon abzusehen, doch Scheherazade war fest entschlossen, denn sie hatte einen Plan. Bevor sie zur Vermählung mit dem Sultan gebracht wurde, lief sie zu ihrer Schwester Dinharazade. „Schwester“, sprach sie, „ich werde den Sultan bitten, dass du mich besuchen darfst, weil heute meine letzte Nacht auf Erden ist. Wenn er es erlaubt, musst du mich auffordern, eine Geschichte zu erzählen.“

Obwohl ihre Schwester sie mit Fragen bestürmte, blieben Scheherazades Lippen verschlossen. Sie wischte sich eine Träne ab, umarmte ihre Schwester zum Abschied und ging mit ihrem Vater zum Palast.

Die Hochzeit war klein und schnell vorüber und bald schon wurde Scheherazade dem Sultan überlassen.

„Mein Herr, darf mir meine Schwester an meinem letzten Abend Gesellschaft leisten?“, fragte sie. Der Sultan hatte keine Einwände und ließ Dinharazade holen.

Bei ihrer Ankunft tat das Mädchen, was ihre ältere Schwester ihr aufgetragen hatte: „Oh Scheherazade, erzählst du uns bitte eine deiner Geschichten, wenn es der Sultan gestattet?“ Sie wandte sich an Sultan Schahriar: „Ihr habt vielleicht schon gehört, dass meine Schwester die beste Märchenerzählerin des Landes ist.“

Dem Sultan gefielen Geschichten ebenso und so nickte er und ließ sich nieder, um Scheherazades Erzählung zu lauschen.

Die Geschichte begann mit einem Kaufmann und einem schelmischen Geist, den man Dschinn nannte. Scheherazade erzählte mitreißend die ganze Nacht und das erste Märchen ging in ein zweites über, aber bevor sie zum Ende kommen konnte, ging die Sonne auf.

Da verstummte Scheherazade und ließ ihr Publikum mit unzähligen Fragen zurück.

„Aber ich will das Ende hören!", protestierte Dinharazade.

„Ich würde noch eine Nacht brauchen, um die Geschichte fertig zu erzählen", erklärte Scheherazade.

„Sie sei dir gewährt", meinte der Sultan, denn auch er wollte unbedingt den Fortgang der Erzählung kennen.

Und so blieb Scheherazade am Leben. Und als die zweite Nacht kam, nahm sie die Erzählung auf, nur um festzustellen, dass sie in ein weiteres Abenteuer mündete.

Als die Sonne an diesem Morgen wieder aufging, war das Märchen noch immer nicht zu Ende.

Die Geschichten nahmen den Sultan so gefangen, dass er Scheherazade jede Nacht einen neuen Tag zugestand, damit er ihr weiter zuhören konnte. Und als die Tage vergingen, zogen ihn sowohl die Erzählungen der jungen Frau als auch Scheherazade selbst in ihren Bann.

Als die eintausendunderste Nacht seit ihrer Hochzeit anbrach, setzte sich der Sultan und wartete gespannt auf das nächste Märchen. „Es tut mir leid, ich weiß keine Geschichten mehr", sagte Scheherazade. „Mein Leben liegt in Eurer Hand."

Der Sultan wusste, was Scheherazade meinte, doch er konnte sich ein Leben ohne seine Frau nicht mehr vorstellen. Wie es schien, hatte sich Sultan Schahriar in die kluge Geschichtenerzählerin verliebt, und so erwiderte er: „Liebste Frau, das ist nicht schlimm. Von nun an wollen wir nachts nebeneinander schlafen, und zwar so lange, bis wir alt und grau sind."

Auf diese Weise setzte Scheherazade der Angst und dem Schrecken in ihrem Reich ein Ende.

Scheherazade erzählte ihrem Mann und ihrer Schwester viele spannende Geschichten.

Elaine von Astolats Schicksal

Es war einmal eine Edelfrau namens Elaine, die mit ihrer Familie im Schloss von Astolat lebte. Oft verbrachte sie ihre Tage allein und webte kunstvolle Wandteppiche in ihrem Zimmer – bis Sir Lanzelot zu Besuch kam.

Sir Lanzelot war ein Ritter an König Artus' Hof. Er war vorbeigekommen, um seinen Freund, Elaines Bruder, zu besuchen. Sobald Elaine Lanzelot erblickte, wurde sie von einer tiefen, überwältigenden Liebe zu diesem geheimnisvollen, unbekannten Ritter ergriffen.

Als Lanzelot plante, an einem Lanzenturnier teilzunehmen, hoffte Elaine, dass er bei diesem Wettkampf ihr zu Ehren antreten würde. Sie nahm allen Mut zusammen und sprach ihn an, während sie ihm eine leuchtendrote Schärpe überreichte: „Würdet Ihr dieses Pfand von mir annehmen und auf dem Pferd bei Euch tragen?"

„Sehr gern, Mylady", antwortete Lanzelot.

Doch Lanzelot wollte nicht, dass ihn jemand mit Elaines Pfand sah, denn er liebte eine andere.

So gab der Ritter Elaine seinen Schild und fragte, ob sie ihn sicher aufbewahren könne. Er war sich wohl bewusst, dass man ihn ohne seinen Schild und geschützt durch einen Helm nicht erkennen würde.

Tags darauf ritt Lanzelot zu dem Turnier und besiegte jeden seiner Gegner, doch beim Lanzenstechen wurde er schwer verwundet. Also brachte Elaines Bruder ihn zu einem Heiler.

Derweil war der Ritter Gawain nach Astolat gekommen. Er wollte herausfinden, wer der namenlose Ritter war, der alle mühelos geschlagen hatte. Als er sich bei Elaine erkundigte, sagte sie: „Es muss der Mann sein, den ich liebe!“

„Aber wie heißt er?“, wollte der Ritter Gawain wissen.

„Das weiß ich nicht, aber ich kann Euch seinen Schild zeigen“, erwiderte sie und brachte ihn dem Ritter. Als er den Schild sah, erkannte Gawain sofort Lanzelots Wappen.

„Ach, wie schrecklich, Mylady!“, rief Gawain aus. „Der Ritter ist mein Freund Lanzelot. Er wurde verletzt und muss vielleicht sterben.“

Elaine erschrak bei diesen Worten und flehte ihren Vater an, Lanzelot suchen zu dürfen.

Als sie seine Erlaubnis hatte, stieg sie auf ihr Pferd und zog los. Nachdem sie stundenlang geritten war, erspähte sie ihren Bruder vor dem Haus des Heilers und wusste, dass Lanzelot darin sein musste. Sie sprang von ihrem Pferd, eilte in die Hütte und traf den Geliebten im Bett an.

„Liebster!“, weinte sie und lief zu ihm, während Lanzelot lächelte und sie auf die Wange küsste. Während der nächsten Monate wich Elaine Lanzelot nicht von der Seite.

Hingebungsvoll pflegte Elaine den verwundeten Lanzelot gesund.

Unermüdlich pflegte sie ihn Tag und Nacht auf dem Krankenbett und brachte ihm Essen und Trinken. Als Lanzelot schließlich genesen war, kehrten sie nach Astolat zurück. „Ich liebe Euch von ganzem Herzen“, gestand ihm Elaine nach ihrer Ankunft. „Werdet Ihr Euch nun mit mir vermählen?“

„Das geht nicht, Mylady, denn ich habe beschlossen, nie zu heiraten“, entgegnete Lanzelot unbekümmert. „Aber ich werde Euch für Eure Güte jedes Jahr tausend Taler schenken.“

Sein Angebot kränkte Elaine zutiefst, denn sie war aus Liebe zu ihm geblieben, nicht wegen des Geldes.

Elaine war von ihrem Kummer so überwältigt, dass man sie in ihr Gemach bringen musste. Zehn Tage lang schlief, aß und trank sie nicht. Schließlich war sie so schwach, dass sie nicht einmal mehr den Kopf heben konnte. Sie wandte sich mit einer letzten Bitte an ihren Vater. „Schreib meine Geschichte auf ein Pergament“, bat sie, „und wenn ich diese Welt verlasse, schick meinen Leichnam auf einem Boot die Themse hinab.“ Dann verstarb sie. Untröstlich erfüllte die Familie ihren Wunsch. Elaine trieb den Fluss hinab und in ihren Händen hielt sie die Geschichte ihrer Liebe.

ÜBER DIE MYTHEN

Unser Wissen über Göttinnen, magische Wesen und Heldinnen verdanken wir Menschen, die in Vergangenheit und Gegenwart deren Geschichten weitergetragen haben. So wissen wir, von welchem Ort und aus welcher Zeit sie stammen, selbst wenn es sich um Göttinnen handelt, die vor Tausenden von Jahren verehrt wurden. Die Geschichten dieser Frauen werden auf verschiedene Weise bewahrt und erzählt, sei es in alten Büchern oder auf Festen, die wir noch heute begehen.

URSPRÜNGE DER MYTHEN

Geschichten über Göttinnen und Heldinnen erzählt man sich seit Tausenden von Jahren. Ob man sie vertont, aufgeschrieben oder gemalt hat – die Menschen haben immer einen Weg gefunden, sie von Generation zu Generation weiterzugeben.

MÜNDLICHE ÜBERLIEFERUNG

Eines der wichtigsten Mittel, mit denen Kulturen ihre Geschichten weitergeben, ist die mündliche Überlieferung. An Gemeinschaftsorten wie den Wharenui oder Versammlungshäusern der Maori können alle Dorfbewohner den Erzählungen lauschen.

BILDER

Seit Urzeiten malen oder zeichnen die Menschen Geschichten. Solche Bilder finden sich in verschiedenen Formen und Techniken in Privathäusern und öffentlichen Einrichtungen.

In Nordaustralien befindet sich an der Decke einer Rainbow Serpent Shelter genannten Höhle eine alte Felszeichnung der Regenbogenschlange. Sie ist über sechs Meter lang.

Eine bebilderte Schriftrolle aus dem China des 8. Jahrhunderts zeigt die chinesische Muttergöttin Nüwa mit ihrem Ehemann, dem Gott Fu Xi. Sie entstand während einer Periode, die man Tang-Dynastie nennt.

STATUEN UND RELIEFS

Einige Menschen schufen Abbilder wichtiger Persönlichkeiten aus Stein und Metall. Diese Werke können Jahrtausende überdauern. Auch heute noch werden alte Skulpturen entdeckt.

Die Wikinger schnitten Text und Bilder in Steinblöcke, die Runensteine heißen. Ein Runenstein aus dem schwedischen Tjängvide zeigt Odin auf dem achtbeinigen Pferd Sleipnir sowie einige Walküren.

Viele altägyptische Statuen zeigen die löwenköpfige Göttin Sachmet. Während der Herrschaft von Amenophis III. entstanden über 700 solcher Kunstwerke. Sie wurden zusammen aufgestellt und statteten vielleicht einen Tempel aus oder säumten eine Straße.

OBJEKTE

Bilder von Göttinnen und Heldinnen schmücken eine Vielzahl von Zier- und Gebrauchsgegenständen. Selbst Alltagsgegenstände können uns einiges über diese Figuren erzählen.

Mit Siegeln werden Abdrücke von Bildern auf Wachs oder nassem Ton erzeugt. Viele altmesopotamische Siegel tragen das Bildnis der Göttin Inanna, die auch als Ischtar bekannt ist.

Ein mit Reliefs gestalteter Steinaltar aus dem alten Mexiko zeigt einen Schmetterling. Dabei handelt es sich um eine der Gestalten, die die aztekische Kriegsgöttin Itzpapalotl annehmen konnte. Altäre dienten der Darbringung von Opfern an die Gottheiten.

Die alten Griechen malten häufig mythologische Szenen auf ihre Vasen. Eines dieser Gefäße aus dem 5. Jahrhundert v. Chr. stellt Medea dar, die einen Verjüngungstrank für ihren Mann Iason braut.

BÜCHER UND SCHRIFTROLLEN

Im Lauf der Jahrhunderte haben Menschen die Geschichten von Göttinnen und Heldinnen aufgeschrieben. Die Bücher und Schriftrollen bewahrten wichtige Erzählungen für nachfolgende Generationen, auch wenn oft verschiedene Versionen existieren.

DAS MABINOGION

Das Mabinogion ist die älteste erhaltene Sammlung walisischer Geschichten. Sie wurden in zwei Teilen im 13. und 14. Jahrhundert festgehalten. Davor wurden den Legenden, wie die von Rhiannon, mündlich von wandernden Geschichtenerzählern überliefert.

DAS NIHONSHOKI

Das Nihonshoki, die Chronik Japans, wurde 720 vollendet und enthält Aufzeichnungen der japanischen Geschichte sowie shintoistische Erzählungen, wie jene über die Sonnengöttin Amaterasu.

DAS SAMGUK YUSA

Das Samguk Yusa ist eine Sammlung historischer Begebenheiten und Geschichten aus dem alten Korea. Es wurde von dem buddhistischen Mönch Il-yeon im 13. Jahrhundert zusammengestellt und beinhaltet die Legende von Ungnyeo.

DIE PROSA-EDDA

Die Prosa-Edda wurde im 13. Jahrhundert verfasst und schildert unzählige Episoden über Götter und Helden der nordischen Mythologie. Sie beruht in Teilen auf einer Sammlung von Dichtungen, die als Lieder-Edda bekannt ist.

DAS MAHABHARATA

Das Mahabharata ist ein altindisches, in Sanskrit verfasstes Epos. Es ist eine wichtige hinduistische Schrift und umfasst Erzählungen von Helden und Heldinnen wie Draupadi und die Pandava-Brüder.

DAS KALEVALA

Das Kalevala ist ein Epos, das Elias Lönnrot im 19. Jahrhundert schrieb. Es erzählt, wie die Welt und das finnische Volk erschaffen wurden.

DAS TOTENBUCH

Im alten Ägypten war es üblich, den Verstorbenen ein Totenbuch mit Zaubersprüchen für das Leben im Jenseits mitzugeben. Ein als Papyrus Ani bekanntes Exemplar zeigt Hathor in Gestalt einer Kuh.

DIE THEOGONIE

Die Theogonie ist ein altgriechisches Werk des Dichters Hesiod. Es beschreibt die Entstehung der Welt und der Göttergenerationen, beginnend mit Gaia.

GÖTTINNENKULT

Göttinnen werden seit Tausenden von Jahren auf unterschiedliche Weise verehrt, zum Beispiel, indem ihnen Tempel errichtet oder Feste zu ihren Ehren abgehalten werden. Obwohl diese Gottheiten aus verschiedenen Teilen der Welt und aus unterschiedlichen Zeiträumen stammen, sind sie alle in ihrer jeweiligen Religion von Bedeutung.

FESTE

Schon immer waren Feste ein wichtiges Mittel, um Gottheiten zu danken und sie um ihren Segen zu bitten. Bei diesen Anlässen kommen die Menschen gewöhnlich zusammen, um zu feiern, zu essen und Opfergaben darzubringen.

In ganz China wird im Herbst bei Vollmond das Mittherbstfest oder Mondfest begangen. Dabei werden der Mondgöttin Chang'e Speisen wie Mondkuchen dargebracht.

Als eines der vier altirischen Jahreszeitenfeste wurde Imbolg zum Frühlingsanfang gefeiert. Zu diesem Zeitpunkt gaben Schafe zum ersten Mal im Jahr Milch. Feuer wurden entzündet, um die Göttin Brigid zu ehren, die sich auf die Herstellung von Butter und Milch verstand.

Vasant Panchami ist ein Fest zu Ehren der Hindu-Göttin Saraswati. An diesem Tag wird der Frühlingsanfang gefeiert und die Menschen tragen zu diesem Anlass häufig gelbe Kleidung.

TEMPEL UND MONUMENTE

Oft errichten die Menschen zu Ehren ihrer Gottheiten beeindruckende Bauwerke. Diese reichen von Tempeln und Schreinen, die als Andachtsorte dienen, bis hin zu riesigen Monumenten.

Das Ischtar-Tor war eines der Stadttore der historischen Stadt Babylon. Es ist mit Tieren wie Löwen verziert, die das Symbol der Göttin Ischtar oder Inanna waren.

Ein berühmter Tempel, der der altägyptischen Göttin Hathor gewidmet ist, wurde vor etwa 2000 Jahren von König Ptolemaois XII. errichtet. Er gehört zu einer Tempelanlage, die bei Dendera im heutigen Ägypten entdeckt wurde.

Der Große Schrein von Ise befindet sich in der gleichnamigen japanischen Stadt. Der innere Schrein ist der Sonnengöttin Amaterasu gewidmet, einer wichtigen Gottheit im Shintoismus. Der Schrein ist aus Holz gefertigt und wird alle 20 Jahre neu gebaut.

AUSSPRACHE-ABC

ADLIVUN
AD-li-wun

ADMETOS
ad-ME-tos

AGNAR
AG-nar

AIETES
a-JE-tes

ALKESTIS
AL-kes-tis

AMATERASU
A-MA-TE-RA-SU

AMENOPHIS
a-me-NO-fis

AME-NO-UZUME
A-ME NO U-SU-ME

ANAT
A-nat

ANI
A-ni

ANU
A-nu

APOLLON
a-POL-lon

ARACHNE
a-RACH-ne

ARGO
AR-go

ARJUNA
AR-dschu-na

ASCHERA
a-SCHE-ra

ASK
ASK

ASU-SHU-NAMIR
a-SU SCHU NA-mir

ATAECINA
a-tä-KI-na

ATALANTE
a-ta-LAN-te

ATHENE
a-TE-ne

ÂU CƠ
AU KÖ

AXOMAMA
AK-so-MA-ma

BAAL
BAL

BABA JAGA
BA-ba JA-ga

BAI SUZHEN
BEI su-TSCHEN

BENZAITEN
BEN-SEI-TEN

BHIMA
BI-ma

BLODEUWEDD
blo-DEI-weð

BOALIRI
BO-a-LI-ri

BRANGÄNE
bran-GÄ-ne

BRIGID
BRI-dschid

BRYNHILDUR
BRÜN-HIL-dur

CAO
TSAO

CARDEA
kar-DE-a

CHANG'E
TSCHANG-e

CIGUAPA
si-GWA-pa

CÚ CHULAINN
KU ku-LEJN

DALI
DA-li

DANGUN WANGGEOM
TAN-gun WAN-gom

DIDO
DI-do

DINHARAZADE
DIN-ha-ra-SA-de

DRAUPADI
DRO-pa-di

DRUPADA
DRU-pa-da

DSCHINN
DSCHINN

DURYODHANA
dur-JO-da-na

DUSHASANA
du-SCHA-sa-na

EL
EL

ELAINE VON ASTOLAT
i-LEJN von AS-to-la

EMBLA
EM-bla

ENKI
EN-ki

EPIMETHEUS
e-pi-me-TE-us

EPONA
e-PO-na

ERATO
E-RA-to

ERESCHKIGAL
e-RESCH-ki-gal

EROS
E-ros

ERZULIE FRÉDA
ER-su-li FRE-da

EVA
E-fa

FAHAI
FA-hei

FENGMENG
FUNG MUNG

FIONN
FJON

FREYJA
FRE-ja

GAIA
GA-ja

GAWAIN
GA-wein

GUDRUN
GU-drun

GUNNAR
GUN-nar

GWAWL
GWAOL

HATHOR
HA-tor

HAUMIA-TIKITIKI
HAU-mi-a TI-ki TI-ki

HEPHAISTOS
he-FEIS-tos

HERMES
HER-mes

HERODES ANTIPAS
he-RO-des AN-ti-pas

HESIOD
He-si-OD

HI'IAKA
HI-i-a-ka

HINEAHUONE
HI-ne-a-HU-o-ne

HODERI
HO-DE-RI

HOORI
HO-O-RI

HOPOE
HO-po-e

HOSUSERI
HO-SU-SE-RI

HWANUNG
HA-nung

IARA
JA-ra

IMBOLC
IM-bolk

INANNA
i-NA-na

ISCHTAR
ISCH-tar

IŠHARA
i-SCHA-ra

ISOLDE
i-SOL-de

ITZPAPALOTL
ITZ-pa-pa-LOTL

JAMMU
JAM-mu

JOLUNGGUL
JO-lung-gul

KILAUEA
KI-lau-WE-a

KITSUNE
KIT-SU-NE

KÖNIGIN VON SABA
SA-ba

KONOHANA
KO-NO-HA-NA

KRIEMHILD
KRIM-hild

KRISHNA
KRISCH-na

KU-CHIN-DA-GAYYA
KU-TSCHIN-DA-GA-ja

LA MADREMONTE
la MA-dre-MON-te

LANZELOT
LAN-ze-lot

LEIRIOPE
lei-ri-O-pe

LES LAVANDIÈRES
leh LA-won-DJER

LI
LI

LILITH
LI-lit

LLEU LLAW
HICH HAU

LOHI'AU
LO-hi-au

LOUHI
LOU-hi

LUNA
LU-na

LUTZELFRAU
LU-zel-frau

MABINOGION
ma-bi-NO-gi-on

MAHUIKA
MA-hu-I-ka

MAMAN BRIGITTE
Ma-MONG Bri-SCHIT

MAMAN DLO
Ma-MONG DLO

MARI
ma-RI

MAUI
MAU-i

MAZU
MA-tsu

MEDEA
me-DE-a

MEDEINA
me-DEJ-na

MELUSINE
me-lu-SI-ne

MĒNESS
ME-ness

MENGJIAO
m(e)ng-TJAO

MEPISA
ME-pi-sa

MOREMORE
MO-re-MO-re

MORGANA
mor-GA-na

MORRIGÁN
MO-ri-gin

MULAN
mu-LAN

NAJADE
na-JA-de

NAKULA
NA-ku-la

NAMTAR
NAM-tar

NARZISS
nar-ZISS

NERGAL
NER-gal

NGANU LEIMA
n-GA-nu LEJ-ma

NINIGI
NI-NI-GI

NÜWA
NÜ-wa

OBATALA
O-ba-TA-la

ODIN
O-din

OHIA
o-HI-a

OHOYAMATSUMI
O-HO-JA-MAT-SU-MI

OISÍN
o-SCHIN

OLOKUN
O-LO-kun

OLYMP
o-LYMP

ORUNMILA
O-run-MI-la

OYÁ
o-JA

PACHAMAMA
PA-tscha-Ma-ma

PANA'EWA
pa-na-E-wa

PANDAVA
PAN-da-wa

PANDORA
pan-DO-ra

PANIA
PA-ni-a

PAPATUANUKU
pa-pa-tu-a-NU-ku

PAU-O-PALAE
PAU-O-PA-LA-e

PELE
PE-le

PERSEPHONE
per-SE-fo-ne

PINCOYA
pin-KO-ja

PRESINE
pre-SI-ne

PROMETHEUS
pro-ME-teus

PTOLEMAIOS
pto-le-MA-jos

PWYLL
PWICH

RANGINUI
RANG-i-nu-i

RAYMOND
RE-mong

RE
RE

RHIANNON
ri-A-non

RONGO-MA-TANE
RONG-o-MA-TA-ne

SACHMET
SACH-met

SADHBH
SAIF

SAHADEVA
SA-ha-DE-wa

SALOME
SA-lo-me

SARASWATI
SA-ras-WA-ti

SAULE
SAU-le

SCÁTHACH
SKA-hach

SCHAHRIAR
SCHA-ri-ar

SCHEHERAZADE
sche-he-ra-SA-de

SEDNA
SED-na

SELKIE
SEL-ki

SHTRIGË
SCHTRI-ge

SIGRID
SI-grid

SIGURD
SI-gurd

SIM CHEONG
SIM TSCHONG

SUSANOO
S(U)-SA-NO

TANE-MAHUTA
TA-ne-MA-hu-ta

TI JEANNE
TI SCHAN

TITAN
Ti-TAN

TLAZOLTEOTL
TLA-zol-te-O-tel

TRISTAN
TRIS-tan

TSUNEMASA
TSU-NE-MA-SA

TUMATAUENGA
TU-ma-TAU-eng-ANN

TUATHA DÉ DANANN
TU-he DE DA-nan

TUONETAR
TU-o-NE-tar

TUONI
TU-o-ni

UNGNYEO
UNG-njo

URDUJA
UR-du-dscha

USHAS
U-schas

VÄINÄMÖINEN
WEI-na-möj-nen

VIKARNA
WI-kar-na

WAIMARIWI
WEI-ma-RI-wi

WALKÜRE
WAL-kü-re

WASSILISSA
WA-si-LI-sa

WAWALAG
WA-wa-lag

WHUPPITY STOORIE
WA-pi-ti STU-ri

XIWANGMU
XI-WANG-MU

XU XIAN
chü-SJEN

YI
JI

YUDHISTHIRA
ju-DISCH-ti-ra

ZEUS
ZEUS

ZIGU
se-GU

ZIXU
SI-ksu

GLOSSAR

AKKADISCH Zu einer Gruppe Menschen gehörend, die einst in Mesopotamien lebte

ALTES ÄGYPTEN Zivilisation, die von 3100 v. Chr. bis 30 v. Chr. in und um das heutige Ägypten lebte

AMURRITER Altes Volk, das in der Region von Syrien und dem südlichen Mesopotamien im heutigen Irak lebte

ANTIKES GRIECHENLAND Zivilisation aus Stadtstaaten im Bereich des heutigen Griechenlands von 1200 v. Chr. bis 600 n. Chr.

ANTIKES ROM Zivilisation, die von etwa 700 v. Chr. bis 400 n. Chr. existierte und deren Hauptstadt Rom war

ARTUSSAGE Sage über König Artus, der über Britannien geherrscht haben soll

AZTEKEN Volk, das vom 14. bis zum 16. Jahrhundert Mexiko besiedelte

BABYLON Hauptstadt Babyloniens in Mesopotamien

BALTIKUM Bestimmte Länder mit einer Küste an der Ostsee darunter: Estland, Lettland und Litauen

BASKEN Volk, das in Teilen Nordspaniens und Westfrankreichs lebt

BIWA Japanisches Saiteninstrument, das einer Laute ähnelt und während des Geschichtenerzählens gespielt wurde

BURGUND Region in Frankreich, die bis zum 9. Jahrhundert ein unabhängiges Königreich war

CHANUPA Heilige, zu rituellen Anlässen genutzte Pfeife der Lakota

CHEROKEE Eines der größten Völker der indigenen Bevölkerung Nordamerikas

CHRISTENTUM Eine der größten Religionen der Welt, die ihren Ursprung im Nahen Osten hat

DRUIDE Keltischer Priester mit gottgegebenen Kräften

DSCHINN Geist, der seine Gestalt wandeln kann

ELIXIER Trank für magische oder medizinische Zwecke

FEE Magisches Wesen, dessen Aussehen sich von Kultur zu Kultur unterscheidet; oft klein und mit Flügeln

GALLIEN Alter Name Frankreichs

GÖTTIN Weibliche Gottheit, die von Anhängern einer Religion verehrt wird

HAUSSA Volk in Westafrika

HEXE Magisches Wesen, das sich mit Beschwörungsformeln und Zaubertränken auskennt

HINDUISMUS Aus Indien stammende Weltreligion

HURRITER Volk, das einst in Asien lebte

IBERER Volk, das auf der iberischen Halbinsel in Südwesteuropa lebte

INDRAPRASTHA Hauptstadt des Königreichs der Pandava-Brüder

INKA Volk, das vom 13. bis 16. Jahrhundert Nord- und Südamerika besiedelte

INUIT Name für verschiedene indigene Völker in der arktischen und subarktischen Region Nordamerikas

ISLAM Weltreligion aus Nahost

JUDENTUM Aus Nahost stammende Weltreligion

LANZENSTECHEN Mittelalterliche Sportart, bei der zwei Wettbewerber versuchen, sich beim Reiten mit einer Lanze vom Pferd zu stoßen

KARTHAGO Einstige Großstadt im heutigen Tunesien

KAYLUKARI Mythisches Königreich in Südostasien, über das die Kriegerprinzessin Urduja herrschte

KELTEN Volksgruppen aus verschiedenen Teilen Europas zwischen 800 v. Chr. und 50 v. Chr., die eine gemeinsame Sprache hatten

KOLCHIS Antike Landschaft am Schwarzen Meer

KÖNIGREICH ISRAEL Altes Königreich am Ostufer des Mittelmeers, das in der Hebräischen Bibel erwähnt wird

LAKOTA Gruppe der indigenen Völker Nordamerikas

LEHRLING Jemand, der von einem Fachmann in einem bestimmten Gebiet ausgebildet wird

LEIN Pflanze mit schmalen Blättern und kleinen Blüten

LOA Geistwesen des haitischen Voodoo-Glaubens

MAORI Indigene Bevölkerung Neuseelands und der Cookinseln

MEERJUNGFRAU Sagengestalt mit Frauenkörper und Fischschwanz

MEITEI Sprache in Nordostindien

MESOPOTAMIEN Historische Region in Westasien im heutigen Irak

MONDKUCHEN Rundes Gebäck aus China mit verschiedenen Füllungen

MUSE Eine von neun altgriechischen Schutzgöttinnen der Künste

NAJADE Süßwassernymphe aus der griechischen Mythologie

NEUES TESTAMENT Zweites Buch der christlichen Bibel

NORDISCH Zu einem auch Wikinger genannten Volk gehörend, das vom 8. bis 11. Jahrhundert in Skandinavien lebte

OCKER Natürliches Pigment aus Mineralien

ORISHA Gottheit der Yoruba

ORKNEY-INSELN Inselgruppe vor der Nordküste Schottlands

PHARAO König oder Königin im alten Ägypten

PHERAI Älteste Stadt in Thessalien, einer Region im antiken Griechenland

POHJOLA Mythisches Königreich in Nordfinnland

SABA Altes Königreich, das in der Hebräischen Bibel und im Koran erwähnt wird

SANSKRIT Alte Sprache aus Südasien, in der heilige hinduistische Schriften verfasst sind

SHINTOISMUS Religion aus Japan

SLAWEN Völker aus Osteuropa, die verwandte Sprachen sprechen

STERBLICHE Menschen

STREITWAGEN Mit Pferden oder anderen Tieren bespannter Wagen, der stehend gelenkt wurde

SUMERER Volk, das einst in Sumer lebte; eine der ersten bekannten Zivilisationen in Mesopotamien

TUATHA DÉ DANANN Magisches Volk in der irischen Mythologie; auch als Feen oder Gottheiten bezeichnet

UNSTERBLICHKEIT Eigenschaft, niemals sterben zu müssen

UNTERWELT In verschiedenen Religionen Reich, in das die Seelen der Menschen nach dem Tod gelangen

VINA Altindisches Saiteninstrument

WALKÜRE Geistwesen in der nordischen Mythologie, das die Seelen der im Kampf Gefallenen ins Jenseits geleitet

WEBSTUHL Handbetriebener Apparat zum Weben von Wandteppichen und Stoffen

WESIR Titel für wichtige Beamte an den Höfen im alten Ägypten und in Teilen Asiens

YORUBA Volk in Westafrika

REGISTER

DK | Penguin Random House

Lektorat Olivia Stanford, Jonathan Melmoth, Sarah Larter, Kieran Jones
Gestaltung und Bildredaktion Bettina Myklebust Støvne, Diane Peyton Jones
Herstellung Abi Maxwell, Inderjit Bhullar, Nikoleta Parasaki
Text Dr. Jean Menzies
Illustrationen Katie Ponder

Für die deutsche Ausgabe:
Verlagsleitung Monika Schlitzer
Programmleitung Heike Faßbender
Redaktionsleitung Martina Glöde
Projektbetreuung Cornelia Sippli
Herstellungsleitung Dorothee Whittaker
Herstellungskoordination Claudia Rode
Herstellung Stefanie Staat

Titel der englischen Originalausgabe: Goddesses and Heroines

Übersetzung Christiane Wagler
Lektorat Claudia Wagner

ISBN 978-3-8310-4775-8

Druck und Bindung TBB, a.s., Slowakei

FSC MIX Papier | Fördert gute Waldnutzung FSC® C018179 www.fsc.org

www.dk-verlag.de

Der DK Verlag dankt Helen Peters für die Erstellung des Registers.

ÜBER DIE AUTORIN

Dr. Jean Menzies ist Autorin, Produzentin, YouTuberin und seit 2022 Doktorin der Alten Geschichte. Sie hat bereits zahlreiche Vorträge über Mythologie und Alte Geschichte gehalten. Auf ihrem YouTube-Kanal *Jean's Thoughts* sowie in ihrem Podcast *That's Ancient History* diskutiert Menzies Literatur, Alte Geschichte und popkulturelle Themen.

ÜBER DIE ILLUSTRATORIN

Katie Ponder ist eine preisgekrönte Illustratorin, deren Arbeiten im Somerset House ausgestellt wurden. Sie illustrierte die bei DK erschienenen Bücher *Griechische Mythen und Sagen*, *Ägyptische Mythen* und *Nordische Mythen*. Sie lässt sich von Ballett, Geistergeschichten und den Gewächshäusern in Kew Gardens inspirieren.

FACHLICHE BERATUNG

- Professor Miranda Aldhouse-Green
- Professor Ginetta Candelario
- Dr. Heide Crawford
- Professor Victor Friedman
- Assistant Professor Ziortza Gandarias Beldarrain
- Dr. Amy Fuller
- Dr. Ragnhild Ljosland
- Dr. Veronica Muskheli
- Dr. Georgia Petridou
- Dr. Quang Phu Van
- Professor Joyce Tyldesley
- Professor Tammi Schneider
- Associate Professor Hilary-Joy Virtanen

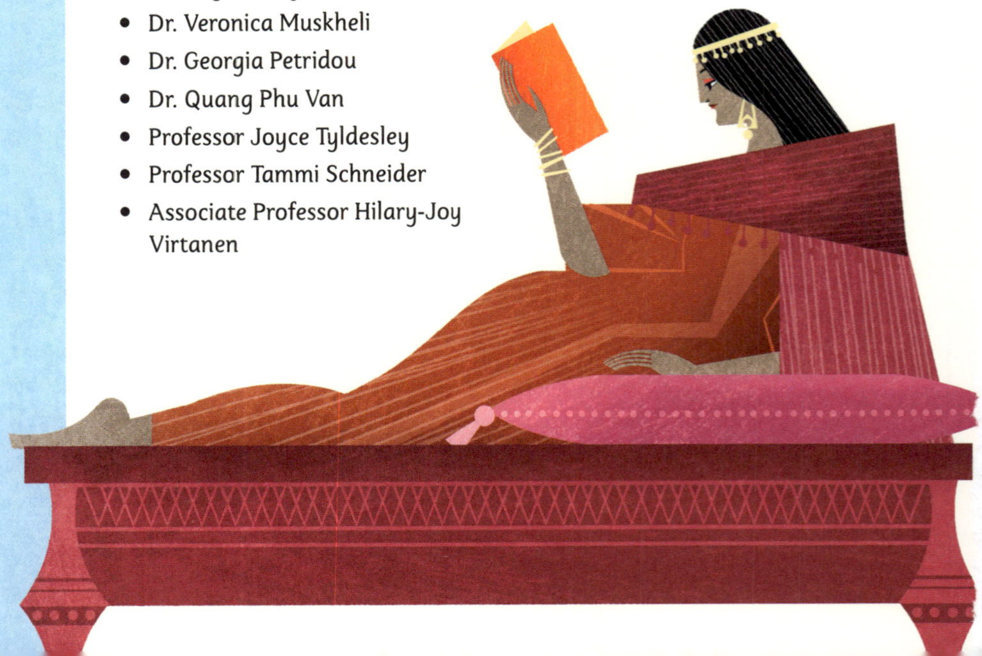